Heinz Müller · Der Bullterrier

W0327710

VDH Herausgegeben unter dem Patronat
des Verbandes für das Deutsche
Hundewesen e.V., 4600 Dortmund

Heinz Müller

Der Bullterrier

Praktische Ratschläge für Haltung, Pflege und Erziehung

3., überarbeitete Auflage
Mit 47 Abbildungen, davon 8 farbig

Verlag Paul Parey · Hamburg und Berlin

Die Kapitel „Ernährung“ und „Gesundheit“ wurden von Dr. med. vet. Peter Brehm verfaßt.

Weitere Bände in der Reihe „Dein Hund“

Der Afghane · Airedaleterrier · Der Basset · Der Beagle · Bearded Collie · Berner Sennenhunde · Bernhardiner · Der Bobtail · Bouvier des Flandres · Der Boxer · Der Cairn Terrier · Der Chihuahua · Der Chow-Chow · Collie und Sheltie · Der Dackel · Der Dalmatiner · Der Deutsche Schäferhund · Der Dobermann · Die Dogge · Der Foxterrier · Golden und Labrador Retriever · Greyhound · Große Münsterländer · Der Hovawart · Der Kromfohrländer · Der Leonberger · Mischlingshunde · Der Mops · Neufundländer · Der Pekingese · Pinscher und Schnauzer · Der Pudel · Der Riesenschnauzer · Der Rottweiler · Schlittenhunde · Setter und Pointer · Der Shih-Tzu · Der Spaniel · Der Spitz · Terrier · Ungarische Hirtenhunde · West Highland White Terrier · Der Yorkshire Terrier · Dienst- und Gebrauchshunde · Dein Hund auf Ausstellungen · Dein Hund im Recht.

Die Deutsche Bibliothek – CIP-Einheitsaufnahme

Der Bullterrier: praktische Ratschläge für Haltung, Pflege und Erziehung / Heinz Müller. [Die Kap. „Ernährung“ und „Gesundheit“ wurden von Peter Brehm verf.]. – 3., überarb. Aufl. 12.–22. Tsd. – Hamburg; Berlin: Parey, 1992
(Dein Hund)
ISBN 3-490-42212-0
NE: Müller, Heinz

1.– 5. Tausend 1985
6.–11. Tausend 1989
12.–22. Tausend 1992

Bildnachweis
Sämtliche Abbildungen stammen vom Autor.

Das Werk ist urheberrechtlich geschützt. Die dadurch begründeten Rechte, insbesondere die der Übersetzung, des Nachdrucks, des Vortrags, der Entnahme von Abbildungen und Tabellen, der Funksendung, der Mikroverfilmung oder der Vervielfältigung auf anderen Wegen und der Speicherung in Datenverarbeitungsanlagen bleiben, auch bei nur auszugsweiser Verwertung, vorbehalten. Eine Vervielfältigung des Werkes oder von Teilen dieses Werkes ist auch im Einzelfall nur in den Grenzen der gesetzlichen Bestimmungen des Urheberrechtsgesetzes der Bundesrepublik Deutschland vom 9. September 1965 in der Fassung vom 24. Juni 1985 zulässig. Sie ist grundsätzlich vergütungspflichtig. Zuwiderhandlungen unterliegen den Strafbestimmungen des Urheberrechtsgesetzes.

© 1992 Verlag Paul Parey, Hamburg und Berlin
Anschriften: Spitalerstraße 12, D-2000 Hamburg 1; Seelbuschring 9-17, D-1000 Berlin 42
Umschlaggestaltung: Evelyn Fischer, Hamburg
Satz und Druck: Druck- + Verlagshaus Wienand, Köln
Printed in Germany
ISBN 3-490-42212-0

Vorwort zur dritten Auflage

Eine Wende zuungunsten unseres Bullterriers ist eingetreten. Hundeführerscheine, Zuchtverbote, Fähigkeitsausweise und Vorschriften über Haltung und Besitz sind 1991 Schlagworte in der Schweiz und in Deutschland. Zu bester Fernsehzeit werden über „Hunde-Bestien" Filme gezeigt. Horrorgeschichten helfen der Presse, die Auflage zu erhöhen. Mit haltlosen Anschuldigen werden die „Kampfhunde" verteufelt.
Politiker mobilisieren Massen, wenn es um unsere Rassen geht. Kaum einer fragt nach dem Halter. Es ist geistlos, eine ganze Rasse zu verbieten, weil ein oder zwei wesensschwache Vertreter Fehler gemacht haben. Wären wir überalll so konsequent, kämen wir nicht umhin, alle gefährlich handhabbaren Dinge des Lebens zu verbieten.
Es ist mir klar, daß es für den seriösen Züchter das zentrale Problem bleibt, Bullterrier-Welpen in die richtigen Hände zu geben. Es ist deshalb nicht Überheblichkeit, wenn man sorgfältig prüft und erfragt, warum die Welpen erworben und unter welchen Umständen sie gehalten werden sollen.
Ich bin heute nach zwanzig Jahren Haltung dieser Hunde immer noch der Meinung: Bullterrier sind eine herrliche Hunderasse.

Tägerwilen, im Frühjahr 1992 Heinz Müller

Aus dem Vorwort zur ersten und zweiten Auflage

Für die Interessierten und Liebhaber dieser Rasse habe ich versucht, den Bullterrier so »normal« wie nur möglich darzustellen. Seine außergewöhnliche Vergangenheit mußte jedoch erwähnt werden, denn nur so kann man den Bullterrier in Zukunft verstehen.
Schlagworte wie »geladene Pistole«, »Kampfmaschine« oder »Killer« sind keine Markenzeichen dieser Rasse! Das Wesen und der Charakter sind für uns, die wirklichen Liebhaber des Bullterriers, viel wichtiger als Greuelmärchen von Nichtkennern oder Aufschneidern. Erst das Mit-dem-Tier-Leben bringt uns dazu, den Bullterrier richtig zu verstehen.

Leute, die aus dem Bullterrier einen Gebrauchshund machen wollen, sollten davon absehen und statt dessen Hunde einer dafür gezüchteten Rasse verwenden. Denn nicht jeder Hund eignet sich als Gebrauchshund, und nur ganz wenige haben mit sehr viel Aufwand einen Bullterrier erfolgreich abgerichtet.

Doch mit Einfühlungsvermögen erziehen soll und muß man diese Hunde und desgleichen Achtung vor dem Tier haben. Die Freude, die Sie mit einem gut erzogenen Bullterrier haben, ist viel größer, als einen Sklaven zu führen oder einen solchen zu halten. Sein Wesen und seine Vergangenheit zeigen immer wieder, daß er nie Sklave ist und sein kann.

Leute, die sich »nur« einen Hund zulegen wollen, sollten sich keinen Bullterrier kaufen.

Die späte Reife der Rasse bringt es oft mit sich, daß diese Hunde abgegeben und umplaziert werden müssen. Falsch verstandene Rassengeschichte sowie das Unvermögen, solch einen Hund zu führen, sind die häufigsten Gründe, die es zur Trennung kommen lassen.

Wie diese Tiere leiden und auf die Rückkehr ihres Herrn warten, können die ehemaligen Besitzer nicht vermuten, denn Sie sehen nicht, wie der Bullterrier leidet.

Ich habe mich bemüht, ungeeigneten Interessenten von der Anschaffung dieser Tiere abzuraten, denn Bullterrier-Haltung setzt Persönlichkeit voraus.

Bis zum Erscheinen der zweiten Auflage hatte sich einiges geändert. Vom Englischen Bullterrierklub wurde ein neuer Standard herausgegeben. Die Kräuter-Hausmittel sowie homöopathische Heilmittel gewinnen immer mehr Freunde. Das hat es notwendig gemacht, einzelne Kapitel zu überarbeiten.

Das andere aber wurde belassen. Lassen wir dem Bullterrier sein spezielles Wesen und sein clownhaftes, fröhliches Benehmen.

Tägerwilen, im Herbst 1985/im Winter 1988 — Heinz Müller

Inhalt

Geschichte: Die Kampfhunde

Ursprung der Rasse

Damals ... in der Antike waren die Molosser, Mastiffs sowie Bordeaux-Doggen aus den Mittelmeergebieten Griechenlands, Italiens und Ägyptens als Kampfhunde und Gladiatoren sehr beliebt. Die Assyrer, als Hundeliebhaber bekannt, benutzten den Molosser als Kriegs- und Kampfhund. Um feindliche Pfeile und Speere abzuhalten, wurden für sie Panzer geschmiedet.
Alte Bilder aus Ägypten zeigen Kampfhunde neben dem Wagen des Pharao herspringend, um Feinde zu verfolgen. Eher mißbraucht dagegen wurden diese Hunde im Rom der Antike. Tausende von Gladiatoren-Hunden wurden für blutige Schauspiele im Circus Maximus und im Kolosseum

Assyrischer Kampfhund

verbraucht. Bären, Wölfe, Löwen und anderes Getier wurden an diesen zur Belustigung der Zuschauer veranstalteten Spielen auf die Hunde gehetzt.
Durch die Eroberer wurden die Kampfhunde auch in England heimisch. Der Adel fand Gefallen an den Schauspielen Hund gegen Raubtier. Die Blüte des Wettens begann. Um Bullenfleisch für den Verzehr zarter zu machen, so glaubten viele Leute damals, wurden die Bullen vor dem Schlachten von Bullenbeißern gehetzt. Sind zuvor große, schwere Hunde eingesetzt worden, begann man, durch den Verlust vieler dieser schweren Tiere, eine leichtere, aber wendigere Bulldogge zu züchten, jedoch mit der Beißkraft des »alten Typen«.
Mit dem immer noch etwas schweren Bulldoggen-Typ wurde weitergezüchtet. Terrier wurden ihrem Schneid und ihrer Wendigkeit wegen eingekreuzt. Man konnte wieder neue Schauspiele besuchen; die englische Wettsucht brauchte Attraktionen. Von nun an mußte Hund gegen Hund antreten und kämpfen. In verschiedenen Gewichtsklassen ließ man die gleich schweren Tier aufeinander los.

 Bärenkampf

Hundekampf

Die gequälten Hunde wurden in den Pausen gepflegt, um sie erneut aufeinanderhetzen zu können.
Zu diesen Kämpfen konnten dann Wetten abgeschlossen werden. Alle nur möglichen Tricks wurden ausgedacht, um seinen Hund als Sieger aus dem Ring nehmen zu können.
Züchterisch versuchten die Besitzer der siegreichen Tiere, immer neue Arten einzukreuzen. Die Kampfhunde wurde perfekter. Waren es früher Verletzungen, die wieder verheilten, wurden die Bisse jedoch bald tödlich.

Die ersten Bullterrier

Beim Betrachten alter Stiche und Bilder finden wir neben der Bulldogge schon sehr früh den Bulldoggen-Terrier, einen der Bulldogge sehr ähnlichen, aber höher auf den Füßen stehenden Typ.
Für die verschiedenen Sportarten wurden gewichtsgleiche Schläge eingesetzt. So verwendete man etwa 10 kg schwere Tiere zum Töten von Ratten.

Eccles Wake

Will be held as usual on Monday 27, Tuesday 28, Wednesday 29, and Thursday 30th Days of August, 1810.

On Monday, the Ancient Sport of

BULL BAITING

May be Seen in all its various Evolutions.

SAME DAY,

JACK-ASS RACE,

For a *Purse of Gold* value £50. or thereabout; to carry a feather, the best of three heats.—The Cattle to be shewn in the Bull-ring exactly at 12 o'clock; to start at Two. Nothing to be paid for entrance, but the bringer of each Steed to have a good Dinner gratis, and a quart of strong Beer to moisten his clay.

SAME DAY,

A Foot Race for a Hat,

By Lads not exceeding Sixteen years of Age.—Three to start, or no Race.

TUESDAY.

JACK-ASS RACE,

For the same value and on the same conditions as Monday

SAME DAY,

A Foot Race for a Hat,

By Lads that never won a Hat or Prize before Monday.——Three to start or no Race.

WEDNESDAY.

A JACK-ASS RACE,

For the same value as on Monday and Tuesday, only that the winner of either of the first or second day's Purse, not to start for this day, without permission of the Stewards.

SAME DAY,

A Foot Race for a Hat, value 10s. 6d.

By Men of any description....Three to start.

SAME DAY,

Race for a good Holland Smock,

By Ladies of all ages; the second best to have a handsome Satin Ribbon...Three to start.

THURSDAY.

A Race with Wooden Legg'd Women,

For a Purse of Silver; best of three heats, once round the Course.

 Altes Werbeplakat für den Bullenkampf

Und der Kampf gegen den Dachs

Innerhalb einer gewissen Zeit mußte der Hund soviel Wanderratten wie möglich ins Jenseits befördern. Neben dem Geld, das man beim Wetten loswerden konnte, wurde die Stadt auch noch von den lästigen Nagern befreit.
Etwa um 1860 kamen die Hundeausstellungen in Mode. Hundekämpfe wurden gesetzlich verboten. Man begann, die Tiere zu beurteilen. Klubs wurden gegründet, Standards wurden aufgestellt, und der Tierschutzgedanke setzte seinen Siegeszug fort. Der Rassehund entstand.
Eine rein weiße Bullterrier-Hündin erschien zu dieser Zeit auf den Ausstellungen. Anfänglich wurde dieser »neue« Typ abgelehnt. Die Leute meinten, diese Hündin hätte nicht die Kampfkraft des »alten« Schlages. Die überbreite Brust, die gebogenen Läufe und der große Kopf fehlten dem Tier.

Die ersten Züchter

Um die kämpferischen Qualitäten dieser neuen Bullterrier-Hündin zu beweisen, wurde sie nochmals in den Kampf geschickt. Da sie einen Tag später unverletzt auf einer Ausstellung einen Preis gewann, fand man an diesem Typ gefallen. Der Besitzer und Züchter, James Hinks aus Birmingham, kreuzte den Old English White Terrier mit dem alten Bullterriertyp. Was alles verwendet wurde, kann man nur vermuten, denn das Züchten war damals ein Geheimnis.
Auch die damaligen Eintragungen in das KCSB (engl. Hundestammbuch) bringen keine Klärung.
Die Registrierung von Champion Como KSCB 19314 soll zeigen, wie schwierig es ist, das Zuchtmaterial zurückzuverfolgen.

			Old Victor 2791 gest. 1872
		Dutch 13813 geb. 1877	
Ch.	Baron 13076		Countess 6600
Como 19314		Lucky (Hinks)	
Mr. J. Wights		Old Prince Hinks	
	Magg-May 10829		
		Kit	Dick

Dutch aus Hinks Zucht wurde 1883 ins Stammbuch eingetragen, damals sechs Jahre alt, also 1877 geboren. Sein Vater Old Victor, eingetragen unter Nr. 2791, starb 1872, also fünf Jahre vor der Geburt seines Sohnes? Ebenso ungenau sind die Daten von Countess, der Mutter von Dutch. Aus ihr wurden drei Würfe in einem Jahr eingetragen. Bei Madman 1874 sind nicht weniger als zwölf Madmans eingetragen. Sicher ist, daß James Hinks eine starke Inzucht auf die besten Hunde machte, denn die Linien des

Körpers waren sehr schnell gefestigt: mit dem heutigen Standard verglichen, ganz nahe an ihn herankommend; einzig die Fülle des Kopfes fehlte noch.
Die Ohren wurden kupiert. Unter dem Druck der Tierschützer, die das Ohrenbeschneiden als Tierquälerei anprangerten, wurde aber 1889 beschlossen, Hunde nur noch unkupiert zu den Ausstellungen zuzulassen. Im geänderten Standard wurden Steh-, Rosen- sowie Kippohren als zulässig eingetragen. Das Steh-Ohr wurde immer mehr herausgezüchtet, später dann, im neuen Standard, vorgeschrieben.
Die neue Kopfform, das »Down Face«, wird 1918 sichtbar. Eine sanfte Kurve vom Scheitel bis zur Nasenspitze wird Mode und im Standard aufgenommen. Doch immer mehr wurde und wird auch jetzt noch übertrieben. Die Biegung des Gesichtschädels wird immer stärker. Infolge dieser Knickung der Achse des Schädels finden wir viel mehr Vorbeißer, obwohl Scheren- oder Zangenbiß vorgeschrieben sind.
Anfänglich war die Farbe nach Hinks weiß. Nach einiger Zeit aber wurden auch farbige Abzeichen am Kopf zugelassen.
Farbige Bullterrier, durch Einkreuzen von Staffordshire-Bullterriern,

Rattentöten

Bull-Baiting. Damals ein populärer »Sport«

waren lange verboten. Trotzdem züchtete man weiter. Die Farbigen gefielen, und sie wurden immer beliebter. Die Züchter der Weißen mußten bald feststellen, daß taube Tiere und mit Pigmentfehlern behaftete viel seltener auftraten.

Dadurch, daß die weiße Farbe mit Sicherheit gezüchtet werden konnte, sobald man Weiß mit Weiß paart, auch mit weißen Tieren aus farbigen Eltern, fielen die Schranken. Die Zucht mit farbigen Tieren wurde gestattet.

Die ersten Bullterrier auf dem europäischen Festland

Im Jahre 1864 kam der erste Hinkssche Bullterrier nach Deutschland. Dr. Wolf begann zu züchten.

Auf europäischen Ausstellungen sah man berühmte Ausstellungstiere. Namen wie May, Full of Fashon, Lady werden als Sieger beschrieben. Zu fast gleicher Zeit erschienen Hunde von L. Esche aus dem Zwinger Snewitt. Tiere von diesen Züchtern gab es in ganz Europa.

Viel später finden wir einen Züchter in der Schweiz. Obwohl 1883 der erste Hund registriert ist, versuchte ein Herr Hirsbrunner aus Sumiswald mit »Miss« von Dr. Wolf erst einige Jahre später zu züchten. Doch es blieb beim Versuch.

Berühmte Besitzer wie Jelmoli sowie Seeburger konnten mit englischen Hunden keine Änderung herbeiführen. Man war auf die deutsche oder österreichische Zucht angewiesen. In Österreich begann man erfolgreich Bulterrier zu züchten. Maschka züchtete mit Hunden aus der Zucht von Dr. Wolf und Esche aus Deutschland, und zwar im Jahre 1895.

James Hinks

In Braunschweig begann Dr. Wolf Bullterrier zu züchten

Berühmt waren die Zwinger von Voslav und Gersthof. Von hier aus gingen Hunde in die ganze Welt.

Ein weiteres Stück Geschichte schrieb Prof. Hauck aus Wien. Bis zum Zweiten Weltkrieg beeinflußte er die Zucht in Deutschland und in Österreich ganz nachhaltig.

Ein anderer Typ Hund entstand. Schwere Gebrauchshunde wurden den eleganten englischen Bullterriern vorgezogen. An Schweizer Ausstellungen wurde entweder nach Hauckschem oder englischem Standard gerichtet. Man entfernte sich immer mehr vom Mutterland der Rasse. Erst nach dem Zweiten Weltkrieg lehnten sich diese Länder an das Mutterland wieder ganz eng an.

In neuer Zeit war R. H. Oppenheimer sicher einer der größten Förderer des weißen Bullterriers in England. Hunde aus dem Zwinger Ormandy waren Wunschtiere für jeden Züchter.

Charakter und Eigenschaften

Charakter des Hundes

Durch rigoroses Ausmerzen hat man verschiedene Charaktereigenschaften gefestigt. Aus der Zeit der Hundekämpfe ist das Zupacken ohne Vorwarnung fest verwurzelt. Beißereien zwischen Hunden, nicht nur unter gleichgeschlechtlichen Tieren, können ohne weiteres vorkommen. Der Ausspruch: »Meiner beißt nicht!« gilt beim Bullterrier nicht! Daß Sie diesen Hund an die Leine nehmen, sobald andere Tiere auf Sie zukommen, ist Ihre Pflicht. Nichts wäre belastender für Sie, als wenn Ihr Hund einen so ungleichen Kampf bestanden hat.
Kaum eine andere Hunderasse ist so schwierig abzurichten. Obwohl der Hund sehr leicht lernt, macht er nicht gern zwei- oder dreimal das gleiche. Was er einmal gelernt hat, verfeinert er immer mehr. Wir haben Bullterrier abgerichtet und dabei erlebt, daß sie ohne weiteres im Stande sind, einmal Gelerntes ohne Befehl auszuführen.
Die Belastung, einen abgerichteten Bullterrier zu halten, ist sehr viel größer als bei anderen, gut erzogenen Tieren. Daß man ihm Gehorsam beibringen muß, ist absolut notwendig. Ich kenne nicht viele Hundesportler, die fähig sind, einen abgerichteten Hund dieser Rasse über längere Zeit problemlos zu führen. Einschläfern und Umplazieren ist offensichtlich allzu einfach. Meistens kümmert sich ein Vorbesitzer nicht mehr um das Dasein des abgerichteten Hundes. Die Überproduktion durch Bullterrier-Züchter führt dazu, daß solche fragwürdigen Leute schon drei bis vier Hunde verbraucht haben und immer wieder neue kaufen können. Obwohl diese Leute oft nicht einmal fähig sind, andere, leichtführigere Rassen zum Hundesport abzurichten, ist für sie der Bullterrier die »Krönung«. Warum eigentlich?
Wir leben heute in Städten, in denen kaum Platz ist, mit scharf gemachten Bullterriern in Gemeinschaft mit anderen Tieren zu leben.

Der erwachsene Hund ist sehr viel an der Leine; frei und unbeaufsichtigt herumlaufen lassen kann man ihn nie.
Auch Profi-Abrichter sollten für Sie nie einen Bullterrier trainieren, denn seit Jahren wurde dem Hund das Gehorchen und Unterwerfen unter nur einem Meister beigebracht.
Daß man mit Gewalt alles erreichen kann, ist schon möglich, aber wieviel

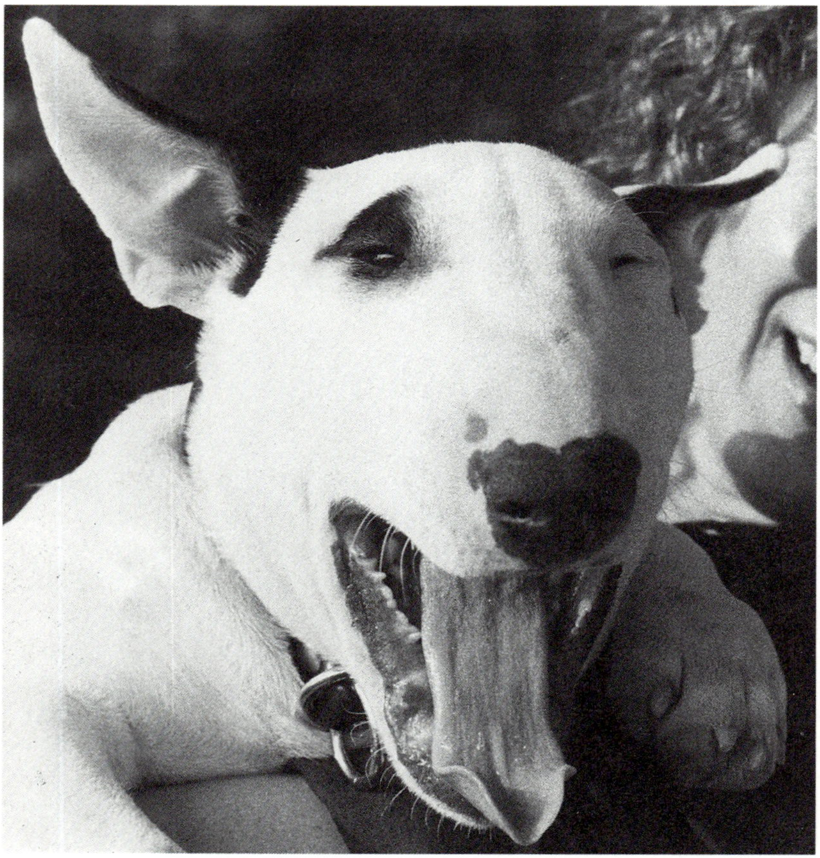

 Sir Kalif

wertvoller ist es, wenn Sie selber einen Bullterrier erzogen haben und sich rühmen können, Ihrem Hund alles mit Liebe und sogar ohne Schläge beigebracht zu haben.
Der Bullterrier ist ein idealer Wächter. Seine Leute verteidigt er bedingungslos. Die Eigenschaft kinderlieb zu sein, macht ihn zum idealen Familienhund. Spaziergänge macht er mit Begeisterung, liegt dann aber auch wieder träge herum.
Da er nicht gern eingesperrt ist, gehört er auch nicht in den Zwinger. Kurze Zeit alleine oder sogar eingesperrt sein behagt ihm nicht, aber gerade das sollte möglichst geübt werden und ist erlernbar! Für diese Hunderasse wird eine starke Hand gebraucht, doch Sklave sollte das Tier nie sein.

Charakter des Halters

Über kaum eine andere Hunderasse wird in der Literatur mehr geschrieben, keine Rasse wird in so vielen Heldengeschichten zu finden sein wie der Bullterrier. Für einen Hundehalter ist es natürlich angenehm, gerade seine Hunde in den Geschichten wiederzufinden. Meistens wird dort auch noch der Halter als halber Held beschrieben. Die Berichte von unglaublicher Treue sowie Mut und Tapferkeit dieser Tiere macht es dem Interessierten leicht, sich gerade für diese Rasse zu entscheiden.
Meistens sind die Interessenten Leute, die schon alle Stufen des Abrichtens der verschiedensten Rassen hinter sich und nun noch den Bullterrier auf der Wunschliste haben. Doch gerade diese Leute sollten sich einen solchen Hund nur zulegen, wenn sie besonderes Geschick haben.
Halter von Bullterriern sollten belastbar sein. Für viele Nichtkenner ist dieses Kraftpaket von Hund auf den ersten Blick beinahe schockierend. Der große Kopf, die kleinen Augen, vielleicht noch weiß und bullenartig dick, genügen dann zumeist, daß der Fremde abwechselnd Hund und Halter betrachtet. Nur der Wille, anständig zu sein, veranlaßt den Betrachter, nicht etwas über das Aussehen zu sagen. Daß man aber mit diesem Hund nicht in den Rahmen des normalen Schemas, des Schönen, hineingezwängt wird, macht ihn für den Halter besitzenswert.
Spätestens dann, wenn die Umgebung mehr über den Charakter der Rasse weiß, werden Hund wie Besitzer akzeptiert. Sollte aber ein Interessent

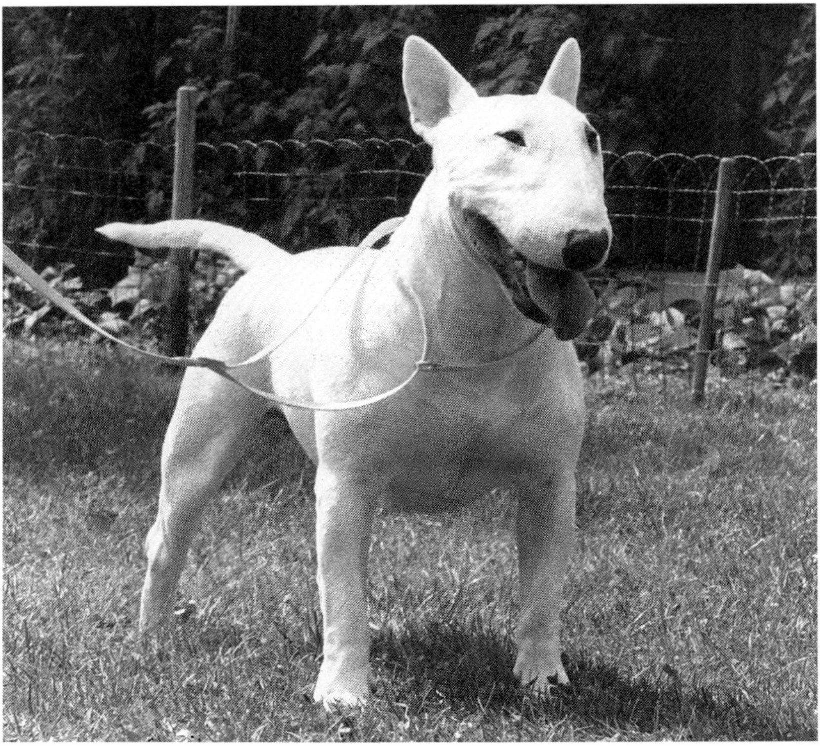

Weltsieger und Internationaler Champion »Eldos Elfrieda«

nicht belastbar sein, muß er von dieser Rasse Abstand nehmen. Die Qualen, die ein ungeliebter oder nicht verstandener Hund durchmacht, der letztlich dann noch weggegeben wird, sind nicht vertretbar. Nicht jedermann soll und kann einen Bullterrier halten. Etwas Erfahrung mit Hunden sollte man schon besitzen. Ein zukünftiger Halter muß unbedingt Geduld haben, denn es dauert meist viel länger, bis aus dem Welpen ein kleiner Held wird, als dies von Kipling, Steinbeck, Brand und anderen in ihren Büchern beschrieben worden ist.

Die Anschaffung

Überlegungen vor dem Kauf

Nach dem Entschluß, einen Bullterrier anzuschaffen, kommt für den künftigen Halter die schwierigste Entscheidung: »Wo kaufen?«
In den kynologischen Fachzeitschriften finden Sie Anzeigen über solche Hunde, die mangels Zeit oder »umständehalber« zu verkaufen sind. Zu Ausverkaufspreisen werden Welpen angeboten, und sogar frei Haus wird das Gewünschte geliefert. Gerade hier sollten Sie aber nicht kaufen. Wenden Sie sich an einen der Spezialklubs dieser Rasse. Der Zuchtwart oder ein Mitglied dieses Vereins gibt Ihnen die Adressen von Züchtern.
Besuchen Sie am besten mehrere Züchter, vergleichen Sie und stellen Sie Fragen. Fahren Sie auch einmal ohne Anmeldung zu einem Züchter. Fragen Sie ihn über die Probleme, die auf Sie zukommen können. Erkundi-

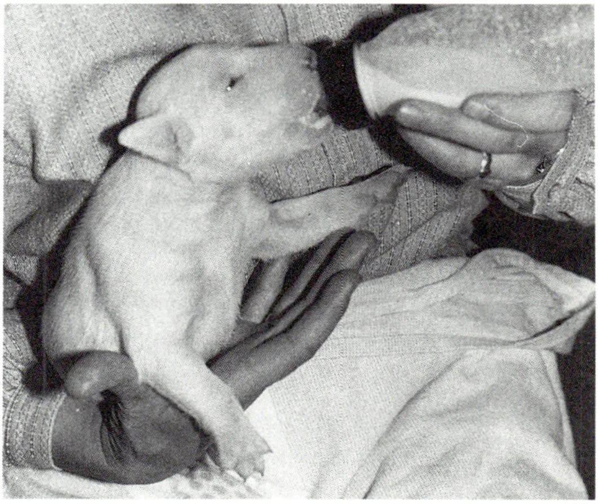

Auch das mühsame Füttern mit der Saugflasche kann zur Aufzucht gehören

Reaktionsstärke, Mut und Wachsamkeit zeichnen schon den Junghund aus

gen Sie sich, wie viele Würfe das Muttertier schon hinter sich hat und wie lange die Welpen Muttermilch erhalten. Schauen Sie auf das Verhalten der Tiere, wenn der Züchter Sie Ihnen zeigt. Vor allem aber, fragen Sie! Werden Sie nicht ungehalten, wenn der Züchter auch Ihnen Fragen stellt. Wenn er Sie vom Kauf eines Tieres abhält, seien Sie ihm dankbar. Überlegen Sie warum, und fragen Sie nach den Gründen. Fahren Sie nicht gleich zum nächsten Züchter, wo es ebenfalls Welpen gibt. Schlafen Sie einmal darüber! Nach ein oder zwei Tagen kommen Sie zu dem Schluß, daß der Züchter eigentlich Recht hatte. Sicher falsch wäre es, gekränkt einen anderen Züchter zu suchen, um es dem »dummen« Züchter zu zeigen.
Die Erfahrung hat mich gelehrt, daß fast alle Interessenten, denen wir abgeraten haben, die sich aber trotzdem einen Bullterrier angeschafft

haben, früher oder später Schiffbruch erlitten. Spätestens nach einem Jahr werden diese Tiere dann auf dem Hundemarkt wieder angeboten. Denken Sie daran, daß Sie sich für zehn oder mehr Jahre für den Bullterrier entschieden haben. Mit Züchtern, die Fragen stellen und Ihnen gar vom Kauf abraten, sollten Sie eigentlich Verbindung halten, auch wenn Sie auf die Welpen warten müssen.

Die Wahl des Welpen bietet kaum Schwierigkeiten. Ob Rüde oder Hündin, wurde gewöhnlich vorher in der Familie abgesprochen. Über die Farbe entscheidet man sich am besten im Zwinger.

Fragen Sie den Züchter nach Eigenschaften und Charakter der einzelnen Welpen. Bilden Sie sich keine Meinung über die Lebhaftigkeit des einzelnen. Vielleicht ist der sonst lebhafteste heute gerade etwas müde vom Spielen. Der Züchter jedoch, der viele Stunden an der Wurfkiste verbringt, kann Ihnen die einzelnen Charaktere viel besser beschreiben. Nach der Wahl sprechen Sie über die Anschaffung der nötigen Utensilien für Ihren Welpen. Im allgemeinen kennt der Züchter Adressen, wo Hundeausstattungen gekauft werden können. Er sagt Ihnen auch, was für Ihren Bullterrier wichtig und nötig ist.

Zur Überbrückung der Wartezeit, etwa acht bis zehn Wochen, nehmen Sie sich am besten nochmals ihre Bücher hervor, um sich über Wissenswertes zu informieren. Dank der Zwingerbesuche haben Sie viel gesehen und gelernt. Sie verstehen also jetzt mehr, und manch ungeklärte Frage wird für Sie jetzt verständlicher.

Die Aufzucht

Haltung und Pflege des Bullterriers

Acht bis zehn Wochen hat der Züchter Ihren »Bullterrier-Welpen« mit großer Liebe und Erfahrung aufgezogen. Denken Sie daran, wie viele Stunden und auch schlaflose Nächte aufgewendet wurden, um Ihnen

Sir Sabor schaut neugierig und aufmerksam in die Runde

Ihren Hund im einwandfreien Zustand zu übergeben. Jetzt liegt es an Ihnen, die weitere Aufzucht zu übernehmen. Das Lesen von rassekundlicher Literatur sowie die Gespräche mit dem Züchter haben sich gelohnt. Sie haben viel gelernt. Die gutgemeinten Tips von anderen Hundehaltern machen Sie jetzt nicht mehr unsicher.
Vor dem Kauf haben Sie selbstverständlich Ihre Nachbarn informiert, daß in nächster Zeit Hundegeräusche aus Ihrem Haus zu vernehmen sein könnten. Die gute nachbarliche Beziehung leidet dann nicht darunter. Die nötigen Utensilien haben Sie schon lange bereitgestellt. Der Schlafplatz wurde im Familienrat bestimmt. Das Lager, das übrigens in zugfreier Lage in der Wohnung ist, haben Sie mit einer kleinen Umzäunung abgegrenzt. In das Lager sind alte Kleidungsstücke mit dem Duft der neuen Familie gelegt worden. Knöpfe und dergleichen wurden zuvor selbstverständlich entfernt.
Sehr gute Erfahrungen macht man mit einem transportablen Hauskäfig. Auf einer wasserdichten Unterlage wird der Schlafplatz aufgebaut. Den Platz wählt man am besten in der Nähe des eigenen Schlafzimmers. Dadurch kann man den Welpen besser überwachen, und der Hund fühlt sich auch nicht ganz allein. Nach einigen Tagen erhält das Lager seinen endgültigen Platz.

Die Erziehung zum sicheren Familienhund

Die ersten Nächte entscheiden, ob Sie Ihren Hund erziehen oder er etwa Sie. Keinesfalls dürfen Sie immer wieder aufstehen, sonst versteht er sehr schnell, wie nützlich Heulen und Bellen sein kann. Die Unsicherheiten des jungen Hundes nutzen Sie jetzt, um ihm die ersten kleinen Befehle zu erteilen. Da er Sie als Führer und Ersatzmutter betrachtet und sich Schutz suchend immer wieder an Ihnen orientiert, haben Sie ihm in kurzer Zeit seinen Namen sowie das Herbeikommen beigebracht. Da ihm ein Rufname im Zwinger nicht beigebracht wurde, ist es jetzt das Wichtigste, daß er sehr bald weiß, wie er heißt und was Gerufenwerden bedeutet.
Wenn er beides kennt, haben Sie es leicht, mit ihm eine ganze Menge Neues zu üben. Denken Sie aber stets daran, daß Sie noch immer einen Welpen vor sich haben. Versuchen Sie nicht, ihm alles auf einmal beizu-

bringen. Lassen Sie ihm seine Jugend, zeigen Sie ihm aber immer wieder ihre Freude, wenn er einen Ihrer Befehle ausgeführt hat. Umgekehrt zeigen Sie ihm aber auch, wenn er etwas macht, was Sie nicht mögen. Von Schlägen sehen Sie aber ab. Mit Liebe erzogen, haben Sie bald einen umgänglichen, liebenswerten Bullterrier.
Die ersten Impfungen erhielt er bereits im Zwinger beim Züchter. Eine Bestätigung über die Arten des Impfstoffes haben Sie bei der Übernahme in Form eines Impfpasses erhalten. Stellen Sie den Hund möglichst bald Ihrem Tierarzt vor. Es beruhigt Sie nämlich, auch von seiner Seite zu hören, daß Sie ein gesundes Tier erstanden haben. Der Termin zum Nachimpfen und das eventuell nochmalige Entwurmen kann gleichzeitig vereinbart werden. Der erste Besuch beim Tierarzt ist sehr wichtig. Ihr Hund lernt die Atmosphäre kennen, so daß spätere Besuche in der Regel problemlos verlaufen.

Stubenreinheit

Anfangs gehen Sie vor dem Schlafengehen, so gegen Mitternacht, mit Ihrem Hund nochmals ins Freie. Sie vergewissern sich, daß er sich gelöst hat, denn sonst meldet er sich bestimmt in einigen Minuten wieder.

 Warten aufs Füttern!

Zunächst verlangt er auch, daß Sie ihn morgens sehr früh hinaustragen. Meistens löst er sich sofort. Zeigen Sie ihm nun, daß Sie mit seinem Verhalten zufrieden sind, loben Sie ihn, und nennen Sie immer wieder seinen Namen. Dasselbe machen Sie auch tagsüber. Nach dem Alleinsein, vor und nach dem Spiel muß er ins Freie an seinen Platz, wo er sich lösen soll. Daß Sie den Kot entfernen, ist selbstverständlich! Sprechen Sie immer wieder mit Ihrem Tier, sagen Sie ihm, was Sie von ihm erwarten. Sehr bald wird er Ihren Wunsch erkennen und sein »Geschäft« wie auf Befehl erledigen.

Ihr Tagesablauf ist nun ganz auf ihren Welpen abgestimmt. Halten Sie die Zeiten zum Füttern, Spielen und Erholen genau ein. Bleiben Sie konsequent. Daß der Hund nach dem Füttern wiederum auf den Lösungsplatz muß, ist selbstverständlich. Normalerweise wird nach dem Fressen Kot abgesetzt. Nach ein paar Tagen zahlt sich das Hinausgehen bereits aus. Als Belohnung haben Sie Ihren Welpen zur Stubenreinheit erzogen, und bald zeigt er Ihnen schon an, wann er mal muß. Da Sie Ihre Zeiten für den Welpen fest im Programm haben, ist es auch für ihn ein Leichtes, sich daran zu halten. Der kleine Kerl verfügt nämlich über ein feines Zeitgefühl. Etwa zwei Stunden täglich darf Ihr Welpe an seinem Schlafplatz alleine sein, denn so lange kann er anfänglich seinen Harn halten, und die Blase wird nicht zu stark belastet.

Gehorsam

Ihre Neuerwerbung sollten Sie nicht alle paar Minuten Ihren Freunden und Bekannten vorführen. Den eigenen Kindern müssen Sie erklären, daß das Jungtier kein Spielzeug für sie ist, sondern ein Lebewesen.

Mit einem richtig aufgezogenen Bullterrier wird man kaum jemals Schwierigkeiten mit seiner Gesundheit haben. Routine-Untersuchungen beim Tierarzt sind sehr zu empfehlen. Die angezüchtete Schmerzunempfindlichkeit bringt es mit sich, daß diese Rasse kleine Schmerzen und Leiden kaum zeigen wird. Nieren- oder Lebererkrankungen kann er nämlich, ohne es zu zeigen, schon lange mit sich herumtragen. Vorbeugen oder eine Erkrankung frühzeitig erkennen, beruhigt sehr. Die ersten Erfahrungen und Fehler, die Sie zu Hause gemacht haben, haben Sie sich gemerkt.

Gehorsam an der Leine

Mit viel Geschick gehen Sie nun zunächst mit dem angeleinten Hund auf kürzere Spaziergänge. Leinenführigkeit aber kennt er kaum. Mit Belohnung und gutem Zureden werden Sie vorerst mit wenigen geschafften Metern zufrieden sein müssen. Da Sie schon in der Wohnung versucht haben, Ihrem Welpen das Tragen des Halsbandes und der Leine schmack-

Auch das Stehen ohne Leine bedarf zunächst der Übung

Zwei Champions, die ihre Gehorsamslektion gelernt haben

haft zu machen, werden Sie kaum zum Gespött der Nachbarn werden. Die Ruhepausen einhaltend, steigern Sie ganz langsam die Spaziergänge. Ausgedehnte Märsche sind unbedingt zu vermeiden.
Frei und ohne Aufsicht werden Sie Ihren Hund nie lassen! Feindseligkeiten gegenüber Mensch und Tier versuchen Sie stets sofort abzustellen. Nichts wäre jetzt verfehlter, als Wesenseigenschaften des alten Bullterriers jetzt zu wecken oder gar zu fördern. Lassen Sie ihm Zeit, bis er erwachsen ist, und Sie werden dann überrascht sein, wie schnell er von gut auf böse umstellen kann. Bedenken Sie die Stärke Ihres erwachsenen Hundes! Versuchen Sie, ihn unbedingt und immer zu beherrschen. Sonst könnte er plötzlich zur Waffe werden, die Sie nicht beherrschen.

Das Züchten

Zuchtverwendung bei dem Rüden oder der Hündin

Es gibt keine gesundheitlichen oder tierpsychologischen Gründe, Ihren Rüden oder Ihre Hündin zur Zucht zu verwenden. Doch da aus Ihrer Sicht Ihr Hund sowieso der allerschönste ist, sind Sie versucht, sich mit dem Gedanken der Zucht zu befassen.
Vorerst aber stellen Sie Ihren Zögling auf einer Hundeausstellung aus. Ein Spezialrichter der Rasse wird ihn dort beurteilen. Von ihm werden Sie erfahren, daß Sie eigentlich einen Hund mit vielen kleinen Fehlern erstanden haben. Vielleicht sind Sie dann etwas enttäuscht, doch bedenken Sie, kein Züchter der Welt ist in der Lage, nur Champions zu züchten.
Ist aber der Richterbericht hervorragend, und Sie verlassen den Ring sogar als Sieger, dann haben vielleicht der Züchter oder Sie den Wunsch, Ihren Hund zur Zucht zu verwenden. Vorerst aber erkundigen Sie sich beim Rasseklub Ihres Landes, welche Bestimmungen zum Züchten zu erfüllen sind.
Überdenken Sie ganz genau, was Sie tun wollen. Helfen Sie zunächst einem Züchter mit einem Wurf; er schlägt Ihnen vielleicht vor, einen Wurf mit Ihrer Hündin zu züchten. Aber nur weil kleine Hunde niedlich sind, sollten Sie unter keinen Umständen züchten. Platz zum Zurücknehmen von Jungtieren sollten Sie immer haben, denn Sie sind ja verantwortungsbewußt und lassen Ihre mit großem Aufwand aufgezogenen Tiere nicht einfach als Ware von einem Platz zum anderen verschieben.
Eine Menge Ärger mit falschen Haltern können Sie sich ersparen, wenn Sie das Züchten anderen überlassen. Sind Sie aber gewillt, etwas für die Rasse zu tun und auch Verantwortung zu tragen, sei es bei der Aufzucht oder beim Unterbringen der Welpen, dann ist es Ehrensache, von Ihnen gezüchtete Hunde ohne Einschränkung zurückzunehmen. Wenn Sie dann bereit sind, mehr als einen Wurf aufzuziehen, dann sollten Sie

Eine hübsche, mehrfarbige Bullterrier-Hündin

züchten. Wenn es gar ihr Bestreben sein sollte, noch schönere Tiere zu züchten, dann gelten Sie nicht als Vermehrer, sondern dürfen sich Züchter nennen.
Außer viel Platz und sehr viel Zeit für die Hunde sollten Sie auch gute Kenntnisse über die Vererbungslehre haben, einige Kenntnisse in Tiermedizin und der Verhaltenskunde sind ebenfalls vorteilhaft. Daß Sie sich den Bestimmungen des Rassezuchtvereins unterwerfen, ist eine Selbstverständlichkeit. Informieren Sie sich auch über mögliche Erbdefekte bei weißen Hunden.
Praktische Erfahrung sammeln Sie als Helfer bei einem Züchter, der einen Wurf Welpen hat. Auch bieten die Kynologischen Vereine stets Kurse an. Fachliteratur sollten Sie nicht nur lesen, sondern auch noch verstehen können. Als bestverständliche Anleitung für angehende Züchter gilt Dr. Räbers »Brevier neuzeitlicher Hundezucht«. In diesem Werk werden Sie alles Wissenswerte lesen und immer wieder nachschlagen können. Ich kenne Züchter, die bei jeder Geburt vor der Wurfkiste dieses Büchlein hervorholen und danach vorgehen.

 Gerangel um den besseren Platz – Weltsieger »Eldos Elfrieda«

Einige rassespezifische Eigenarten, die beim Züchten beachtet werden sollten, sind folgende:
Nach 64 Tagen Tragezeit sollte die Geburt unbedingt eingeleitet werden. Wir haben schon Hündinnen mit Wehenschwächen erlebt, die nach zwei- bis dreimaligen Wehen wieder eingeschlafen sind, als ob weiter nichts wäre. Ein Kaiserschnitt ist hier unerläßlich.
Zwischen dem achten bis zehnten Tag nach der Geburt kann im Gesäuge eine Spannung entstehen, die die Mutter veranlassen könnte, ihre Jungen zu töten.
Die ersten zehn bis zwölf Tage und Nächte sollten Sie Ihre Hündin nie unbeaufsichtigt bei den Welpen lassen. Bullterrier-Züchter haben schon alle Welpen verloren, sei es durch Erdrücktwerden, sei es durch bewußtes Töten der Jungtiere. Die Bullterrier-Hündinnen zeichnen sich nicht unbedingt als die besten Mütter aus.
Bei größeren Würfen ist darauf zu achten, daß Welpen, die nicht genau gleich zunehmen wie die Geschwister, unbedingt nachgefüttert werden müssen. Das tägliche Wiegen in den ersten Tagen ist sehr wichtig, denn nur so können Sie feststellen, ob alle sich gut entwickeln.
Lebensschwache Tiere gehören zum Tierarzt. Nur so können sie sich ganz den gesunden Welpen widmen. Ab der dritten bis vierten Woche löst bei mir im Zwinger ein Rüde in der Erziehung die Hündin ab. Mit diesem System habe ich sehr gute Erfahrungen gemacht. Weil der Rüde Streithähne viel sanfter in die Schranken weist als eine Hündin, sind Streitereien oder ernste Beißereien kaum mehr zu beobachten. Ernste Beißereien hatten wir früher bereits schon mal ab der fünften Woche. Manche Welpen haben schon in diesem Alter keine Beißhemmungen mehr und packen mit den spitzen Milchzählen ganz schön zu. Beachten Sie, vernarbte kleine Hunde sehen nicht schön aus. Narben sind keine Schönheitszeichen des Bullterriers.
Ob Sie Ihren Spitzen-Rüden zur Zucht geben wollen, das hängt ganz von Ihnen ab. Geben Sie aber Ihren Rüden zum Deckakt nicht einfach aus den Händen. Gerade bei der ersten Zuchtverwendung ist darauf zu achten, daß ihm eine erfahrene Zuchthündin zugeführt wird. Reden Sie vorher mit dem Züchter, vielleicht ist er das erste Mal dabei. So können Mißerfolge auf ein Minimum reduziert werden. Bei ein- oder zweimaliger Verwendung Ihres Rüden werden Sie keine Wesensveränderungen an

ihm feststellen. Doch die Entscheidung, ob Sie ihn weiter zur Verfügung stellen, liegt ganz bei Ihnen. Aber auch beim Rüden müssen Sie sich ganz den Bestimmungen des Rasseklubs unterwerfen. Vor dem Belegen sollten Sie unbedingt beim Zuchtwart und Zuchtleiter um die nötigen Bedingungen nachsuchen. Es könnte sonst vorkommen, daß die unlimitiert gezüchteten Welpen keine Ahnentafel erhalten, also ohne Papiere sind. Adressen erhalten Sie über die Kynologische Vereinigung ihres Landes.
Die Zuchtordnungen sind in leicht verständlicher Form geschrieben und ihre Berücksichtigung sehr zu empfehlen. Mehr Literatur über das Züchten erhalten Sie im Buchhandel.

 Auch Stehen auf der Stelle fällt leichter, wenn es hinterher eine Belohnung gibt

Weltsieger, Internationaler Champion, Bundessieger »Eldos Elfrieda«

Der Standard

(Standard des FCI vom 24. Juni 1987)

Allgemeines Erscheinungsbild: Kräftig gebaut, muskulös, harmonisch und aktiv mit durchdringendem, entschlossenem und reaktionsstarkem Ausdruck.

Charakter: Der Bullterrier ist ein Gladiator unter den Hunderassen, voller Feuer und Tapferkeit. Ein einzigartiges Merkmal ist sein »Downface« (abwärts gebogene Kopflinien) und der eiförmige Kopf. Unabhängig von der Größe sollten Rüden maskulin und Hündinnen feminin aussehen.

Wesen: Ausgeglichenes Wesen und diszipliniert; obgleich sehr eigensinnig, ist er freundlich gegenüber Menschen.

Kopf und Schädel: Langer Kopf, stark und tief bis zum Ende des Fanges, jedoch nicht grob. Von vorne betrachtet eiförmig und vollständig ausgefüllt. Die Oberfläche frei von Aushöhlungen oder Einbuchtungen. Oberkopf nahezu flach von Ohr zu Ohr. Die Profillinie verläuft vom Oberkopf leicht abwärts gekrümmt bis zur Nasenspitze. Die Nase sollte schwarz und an der Spitze nach unten gebogen sein. Nasenöffnungen gut entwickelt, Unterkiefer tief und kräftig.

Gebiß: Zähne tadellos, sauber, stark und von guter Größe, ausgesprochen regelmäßig mit einem perfekten und vollständigen Scherengebiß, wobei die obere Schneidezahnreihe ohne Zwischenraum über die untere greift, und die Zähne senkrecht im Kiefer stehen. Diese sind ebenmäßig und straff anliegend.

Augen: Erscheinen schmal, schräg eingesetzt und dreieckig. Tief eingebettet, schwarz oder so dunkelbraun wie möglich, um nahezu wie schwarz zu wirken. Mit einem durchdringenden Schimmer. Die Distanz von der Nasenspitze bis zu den Augen wahrnehmbar größer als die Augen bis zum höchsten Punkt des Schädels. Blaue oder teilweise blaue Augen sind unerwünscht.

Ohren: Klein, dünn und nahe zueinander angesetzt. Ein Bullterrier soll in der Lage sein, die Ohren steif aufgerichtet zu halten, wenn sie gerade nach oben zeigen.

Hals: Sehr muskulös, lang, gebogen, sich von den Schultern zum Kopf hin verjüngend und ohne lose Kehlhaut.

Vorhand: Schultern kräftig und muskulös, ohne überladen zu wirken. Schulterblätter breit, flach und am Brustkorb anliegend. Mit einer deutlichen Schräge der Vorderkante von unten nach oben, wodurch mit dem Oberarm ein nahezu rechter Winkel gebildet wird. Ellenbogen sehr gerade gehalten und gut anliegend, gerader Vordermittelfuß. Die Vorderläufe haben den stärksten Typ runder Knochen von guter Qualität. Die Hunde sollen fest und parallel auf den Läufen stehen. Bei erwachsenen Hunden sollen die Vorderläufe ungefähr so lang sein, wie die Brust tief ist.

Gebäude: Rumpf gut gerundet mit einer markanten Rippenwölbung und großer Tiefe von Widerrist zum Brustbein, so daß dieses dem Boden näher ist als der Bauch. Rücken kurz, kräftig. Hinter dem Widerrist ist die Rückenlinie gerade, mit leichtem Schwung oder leichtem Bogen der breiten muskulösen Lendenpartie. Die Unterlinie verläuft vom Brustbein in gering ansteigender Kurve zum Bauch. Die Brust ist von vorne betrachtet breit.

Hinterhand: Hinterfüße von hinten betrachtet parallel. Oberschenkel muskulös und Unterschenkel gut entwickelt. Knie und Sprunggelenk gut gewinkelt. Hintermittelfuß kurz und stark. Die Fehler der Hinterhand können sein: Fersenenge, sogenannte Kuhhessigkeit, Steilstellung und Faßbeinigkeit.

Pfoten: Rund und kompakt mit gut aufgeknöchelten Zehen.

Rute: Kurz, tief angesetzt und horizontal getragen. Dick am Rutenansatz, verjüngt sich zu einer feinen Spitze.

Gangart/Bewegung: Macht in der Bewegung eine kompakte Figur, deckt mühelos viel Boden mit freien, leichtfüßigen Schritten und einer typischen flotten Lockerheit. Im Trab in Vor- und Hinterhand parallel. Nur bei schneller Bewegung leicht pfoteneng. Vorderhand weit ausgreifend, Hinterhand bewegt sich weich aus der Hüfte, geschmeidig in Knie- und Sprunggelenk, mit großem Schub.

Haarkleid: Kurz, glatt und gleichmäßig. Fühlt sich bei feinem Glanz hart an. Haut dicht anliegend. Im Winter kann eine weiche Unterwolle vorhanden sein.

Farbe: Weiß bedeutet ein reinweißes Haarkleid. Hautpigmentierung und Abzeichen am Kopf sind nicht zu bestrafen. Bei farbigen Hunden muß

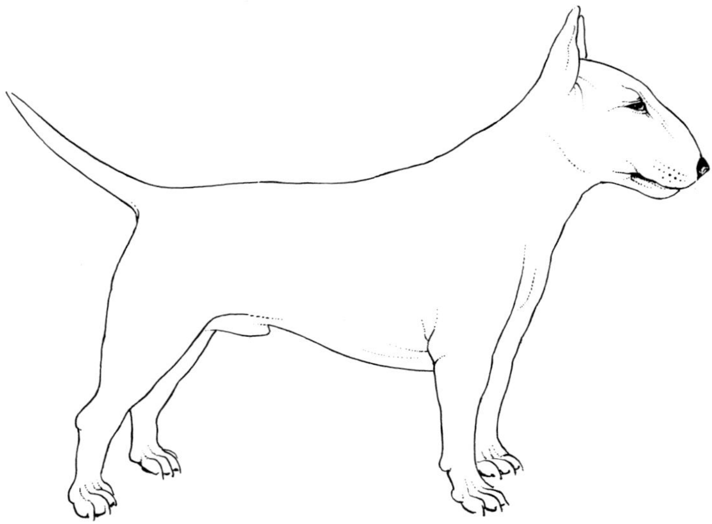

Harmonische Körperlinien

die jeweilige Farbe vorherrschend sein; bei Gleichheit aller anderen Kriterien wird der gestromte Rassevertreter bevorzugt. Schwarz gestromt, Rot, Rehbraun und Tricolor annehmbar. Sprenkelung im weißen Haarkleid unerwünscht, Blau- und Leberbraun höchst unerwünscht.

Größe: Es gibt keine Größen- oder Gewichtsbeschränkungen. Auf jeden Fall muß der Eindruck von höchstmöglicher Substanz im Einklang zu Größe und Geschlecht vorhanden sein.

Fehler: Jede Abweichung von den vorgenannten Punkten sollte als Fehler angesehen werden, dessen Bewertung in genauem Verhältnis zum Grad der Abweichung stehen sollte.

Anmerkung: Rüden sollten zwei offensichtlich normal entwickelte Hoden aufweisen, die sich vollständig im Skrotum befinden.

Miniatur-Bullterrier

Der Standard des Miniatur-Bullterriers entspricht dem des Bullterriers, mit Ausnahme folgender Punkte:
Größe: Die Widerristhöhe soll 35,5 cm nicht überschreiten. Es sollte ein Eindruck von Substanz im Verhältnis zur Größe des Hundes vorhanden sein. Es gibt keine Gewichtsgrenze. Die Hunde sollten immer harmonisch erscheinen.

Erklärung zum Standard

Der Rassestandard beinhaltet die verbindlichen Normen, an die sich Ausstellungsrichter und Züchter halten müssen. In der Charakteristika wird vom Gladiator gesprochen: Bestimmte Züge des normalen Artverhaltens wurden dazu beim Bullterrier weggezüchtet, damit ein bei Kämpfen auch zum Töten bereiter Hund entstand.
Daß man aus einem Hund mit diesem Charakterzug einen gefährlichen Raufer machen kann, liegt auf der Hand. Heute strebt man Bullterrier an, deren Reizschwelle höher liegt, aber auch bei diesen findet man kaum ein ängstliches Ausweichen oder ein Nichtstellen zum Kampf. Echte Freunde dieser Rasse versuchen jede Auseinandersetzung mit anderen Hunden zu vermeiden, denn nach seiner ersten bestandenen Beißerei kann der Bullterrier nach weiteren »Erfolgen« suchen und damit für seinen Besitzer zu einer großen Belastung werden.
Im **Wesen** wird die besondere Freundlichkeit gegenüber Menschen gefordert. Diese ist allerdings oft mit einer gewissen Eigensinnigkeit gepaart.
Der Kopf: Die Profillinie verläuft vom Oberkopf leicht abwärts gekrümmt bis zur Nasenspitze. Diese relativ neue Vorschrift veränderte die Form des Kopfes in kurzer Zeit grundlegend. Die Schädel aus der Sammlung der Albert-Heim-Stiftung zeigen diese Veränderung am deutlichsten. Aus einem Bogen im Schädel wurde durch Abwärtsbiegen der Schnauze die charakteristische Ramsnase erreicht. Der übertriebene Bogen bewirkt eine Verkürzung des Kopfes.

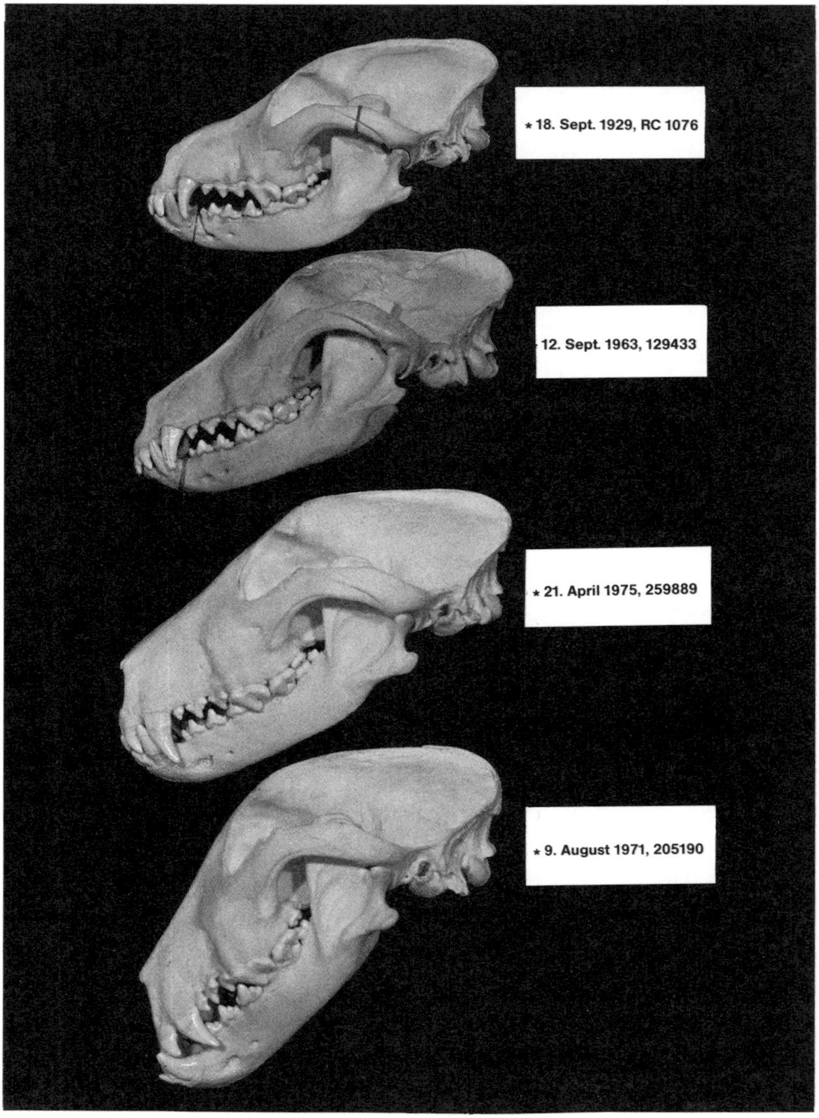

Die Schädel aus der Albert-Heim Stiftung »Bullterrier«.
1929, 1963, 1975 und 1971. Der Schädel hat sich am meisten verändert

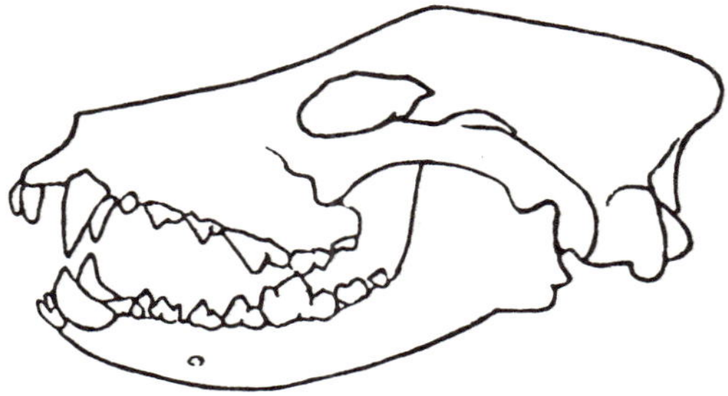

Gebiß und Schädel. Seitenansicht: Normales Gebiß, Maulspalte leicht geöffnet

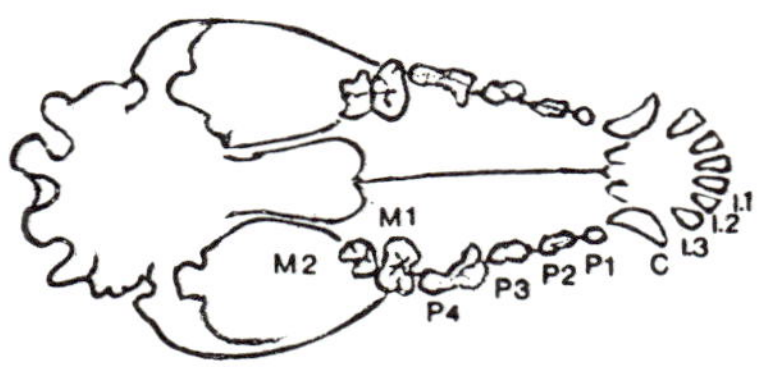

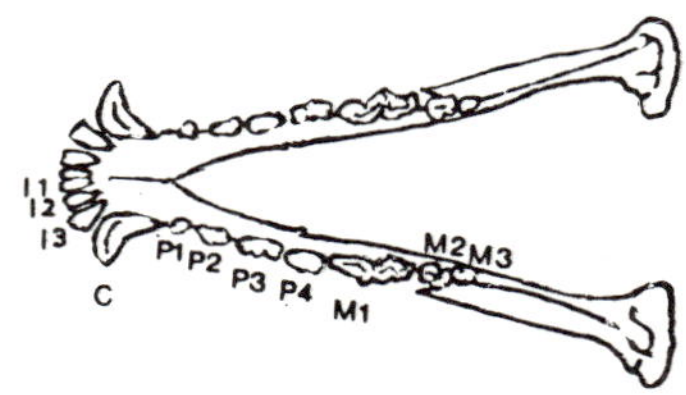

Oberkiefer, jede Hälfte

3	*Schneidezähne*
1	*Fangzahn*
4	*Vordere Backenzähne*
2	*Hintere Backenzähne*

Unterkiefer, je Ast

Incisivi	*3*
Caninus	*1*
Prämolaren	*4*
Molaren	*2*

Zahnformel $\frac{3.\ 1.\ 4.\ 2}{3.\ 1.\ 4.\ 3} \times 2 = 42$ *Zähne*

Die Zähne: Das vollständige Milchgebiß besteht aus 32 Zähnen, das Dauergebiß jedoch aus 42.
Sehr häufig fehlen Zähne im Unterkiefer, in neuer Zeit auch im Oberkiefer. Am häufigsten fehlen die ersten und die vierten Prämolaren.
Das Fehlen des kleinen P1 oder eines einzelnen Zahnes ist für die Funktion des Gebisses nicht so schwerwiegend wie die unregelmäßig nach allen Seiten gekippt stehenden Zähne.

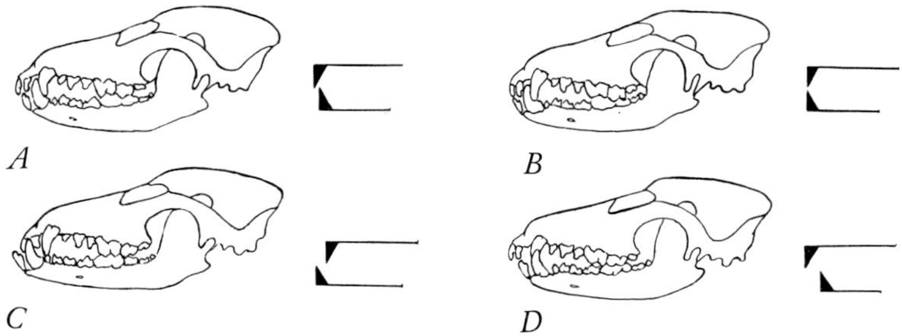

Zahnstellungen. A Scherengebiß (erwünscht), B Zangengebiß (geduldet), unerwünscht dagegen: C Vorbeißer (Undershot), D Rückbeißer (Overshot)

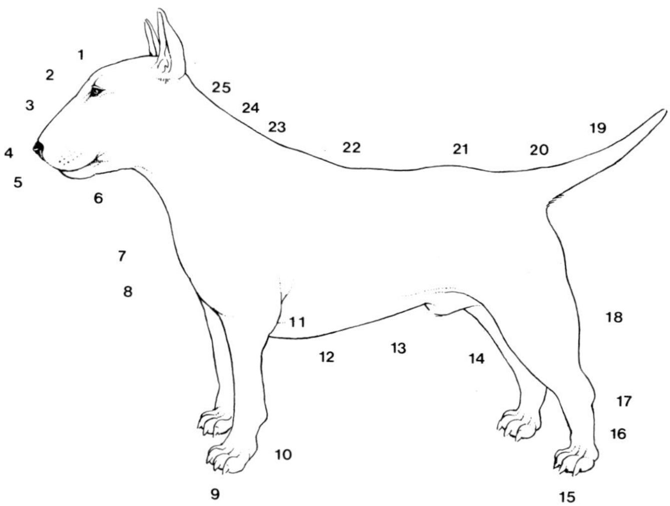

Die Körperteile des Hundes

1 Oberkopf
2 Stirnabsatz
3 Nasenrücken
4 Nasenspiegel
5 Fang
6 Unterkiefer
7 Vorderbrust
8 Brustbeinspitze
9 Vorderpfote
10 Vordermittelfuß
11 Unterarm
12 Unterbrust
13 Unterbauch
14 Kniegelenk
15 Hinterpfote
16 Hintermittelfuß
17 Sprunggelenk
18 Unterschenkel
19 Rute
20 Rutenansatz
21 Kruppe
22 Lende
23 Rist
24 Nackengegend
25 Genick

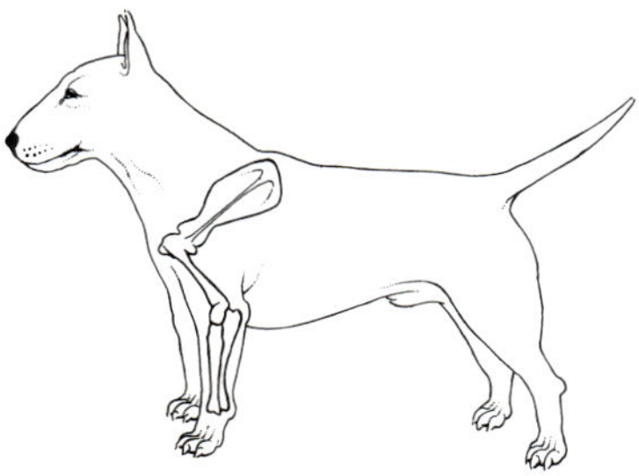

Gute Winkelung (Ellbogen und Schultern)

Gute Hinterbandwinkelung »Starke Bemuskelung«

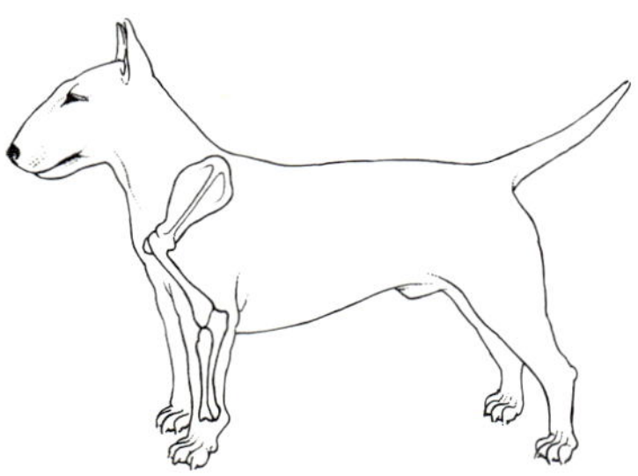

Steile Winkelung (Ellenbogen und Schultern)

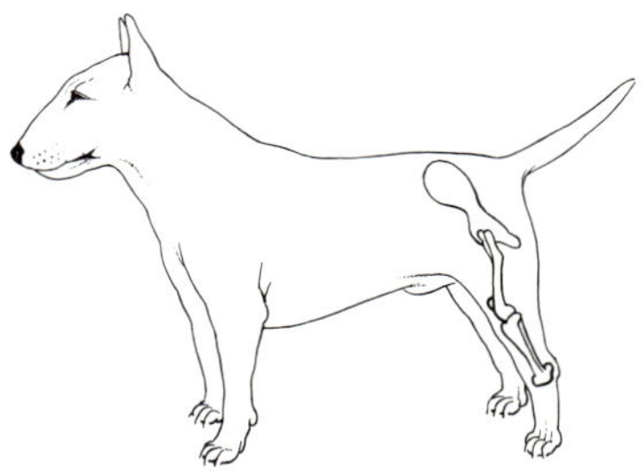

Steile Winkelung (»Kraftsparend schlechte Bemuskelung«)

Winkelungen

Das Ausstellen des Bullterriers

Vorbereitung

Wenn sich der Wunsch ergibt, mit Ihrem Hund an einer Ausstellung teilzunehmen, bedarf es einiger Vorbereitungen. Das Anmeldeformular (vorher anfordern!) zeigt, für welche der verschiedenen Klassen Sie Ihren Hund anmelden können. Etwa sechs Wochen vor der Schau muß man das Anmeldeformular mit einer Kopie der Ahnentafel sowie das Meldegeld abgeschickt haben. Noch vor der Ausstellung werden Sie eine Bestätigung erhalten, die besagt, für welche Klasse Ihr Hund angenommen wurde.
Beim Anmelden haben Sie sich bereit erklärt, daß Sie von morgens 10.00 Uhr bis 16.00 Uhr in der Ausstellung bleiben werden. Damit hat der Veranstalter sich abgesichert, daß zahlende Besucher die Hunde auch am Nachmittag ansehen können.
Die Zeit, die Ihnen nach dem Melden bis zur Ausstellung noch bleibt, müssen Sie nun zum Trainieren nutzen. Ausstellungsprofis in Ihrem Klub verraten Ihnen vielleicht einige Tips und Regeln.
Auch wenn Sie fleißig trainiert haben, Ihr Bullterrier zu Hause wunderbar geht, am Tage der Ausstellung wird er sich kaum so gesittet vorführen lassen.
Am Vorabend haben Sie Ihren Hund gebadet, denn Sie gehen mit ihm in eine Schönheitskonkurrenz. Die Nervosität, die Sie in sich tragen, hat sich bereits auf Ihren Hund übertragen.
Der artigste und leinenführigste Bullterrier gebärdet sich nun völlig anders als zuvor.
Gerüche fremder Hunde und die Ansammlung von Menschen haben sein Benehmen verändert. Es kann sogar sein, daß Sie von Ihrem Liebling an die Boxen gezogen werden. Auch im Ring, vor dem Richter, bessert sich sein Benehmen kaum.
 Sie versuchen nun, einen guten Eindruck auf den Richter zu machen.

Champion der Ausstellungen

Doch Zerren und Zurechtweisen nützt überhaupt nichts. Neben Ihnen präsentieren »Ringfüchse« ausstellungstrainierte Hunde, als ob es das einfachste der Welt wäre. Der Richter kann diese Tiere berühren, sogar ihre Zähne begutachten und selbst Traben können sie auf Kommando. Aber auch solche Bullterrier haben einmal angefangen. Falls Sie nach der ersten Ausstellung immer noch Freude am Ausstellen haben, dann müssen Sie mit Ihrem Hund üben. Der vorherige, alleinige Besuch von Ausstellungen ist sehr wichtig, denn am Ring können Sie lernen, was Profis tun, und wie sie ihre Hunde vorführen.
Spezielle Literatur wie »Dein Hund auf Ausstellungen« und rassespezifische Bücher über die Ausstellung helfen Ihnen, Fremdwörter wie FCI, VDH, GKV, CACIB, CAC, Res. CACIB und andere richtig zu verstehen. Mit diesem Wissen können Sie sich Ihrem Bullterrier ganz widmen.

Die Klasseneinteilung

Jüngstenklasse. In nationalen oder internationalen Ausstellungen ist diese Klasse ausgeschrieben. Die Hunde sind sechs Monate, aber nicht älter als neun Monate.
Über den Wert dieser Klasse läßt sich streiten. Da sich der junge Hund sehr schnell verändert, ist es für den Richter kaum möglich, eine Beschreibung sowie eine Formwertnote abzugeben.
Der Hinweis »vielversprechend« oder »guter Nachwuchs« ist alles, was Sie über ihren Hund zu hören bekommen. Doch diese Klasse kann zum Trainieren und Gewöhnen an Ausstellungen nützlich sein.
Jugendklasse. Hunde von neun bis achtzehn Monaten konkurrieren hier miteinander. Zum Schnuppern und Lernen die beste Klasse. Der Richter verzeiht das Verspieltsein des Junghundes. Vielleicht hilft er Ihnen sogar, den Hund richtig zu präsentieren. Die höchste Formwertnote, die Ihr Hund hier erhalten kann, ist »vorzüglich«. Sie haben aber kein Anrecht auf ein CACIB oder Reserve-CACIB.
Offene Klasse. Ab 15 Monaten können Hunde in dieser Klasse ausgestellt werden. Sie bietet in der Regel am meisten: Anfänger, junge sowie ältere, ringtrainierte, sieggewohnte, dem Standard am nächsten stehende Tiere sind hier zu sehen. „Ringfüchse« zeigen hier perfektes Vorführen. Aber auch Anfänger bemühen sich um eine gute Plazierung.
Das Vorführen kann in dieser Klasse über Sieg oder Niederlage entscheiden. Sogar Fehler der einzelnen Tiere müssen manchmal gesucht und gegeneinander verglichen werden. Meistens sind zwei oder gar drei zur absoluten Spitzenklasse gehörende Hunde im Ring und konkurrieren miteinander. Sind keine Hunde in der Siegerklasse anwesend, können die Gewinner der Offenen Klasse, Hündin oder Rüde, das CACIB oder Reserve-CACIB erhalten. (Dieser Titel wird von der FCI (Fédération Cynologique International) zuerkannt.
Um die Auszeichnung »Internationaler Champion« zu bekommen, müssen diese Hunde vier Titel (CACIB) in drei verschiedenen Ländern unter drei verschiedenen Richtern erhalten haben.
Die Frist zwischen der ersten und der letzten Ausstellung muß zwölf Monate betragen. Das CACIB kann ein Richter vergeben, er muß es aber nicht!

Siegerklasse. Diese Klasse ist für den Internationalen Champion, den deutschen, schweizerischen oder anderen nationalen Champion reserviert. Auch für Welt-, Europa-, Bundessieger oder Winner Amsterdam ist diese Klasse vorgesehen. Sind Hunde dabei, die noch nicht Internationaler Champion sind, müssen diese mit dem Sieger der Offenen Klasse um das CACIB konkurrieren.

Wenn Sie auf Ausstellungen mitmachen, nehmen Sie das Urteil des Richters sportlich auf. Der Richter bewertet Ihren Hund, und Sie wollen ein Urteil von ihm hören! Auch wenn Sie schon einmal als Sieger den Ring verließen, denken Sie an die Tagesform, die mitentscheidend bei der Vergabe des Siegertitels ist.

Für den sich außerhalb des Ringes Aufhaltenden ist es kaum möglich, die Hunde zu beurteilen, denn leichte Fehler wie z. B. fehlende Zähne sind für ihn nicht erkennbar. Mir ist es in meiner Eigenschaft als Richter aber auch schon passiert, daß ich nach dem Richten Bullterrier gesehen habe, die, hätten sie sich im Ring so gezeigt, vielleicht Sieger geworden wären; im Ring selbst habe ich sie aufgrund ihrer schlechten Präsentation nicht ausreichend beurteilen können.

Meldescheine. Sie sind erhältlich über die Landesverbände, von den Rasseklubs und gemäß Hinweisen in der Zeitschrift »Unser Rassehund«.

Meldeschluß sowie Höhe des Meldegeldes sind auf den Scheinen vermerkt. Veterinär-Bestimmungen und dergleichen sind zu beachten.

Spezielle Literatur über Ausstellungen zu lesen, lohnt sich. Es ist dann für Sie und somit auch für den Hund viel einfacher, an den Ausstellungen teilzunehmen.

Gesundheitliche Betreuung des Bullterriers

Die Kräuter-Hausmittel

Bei uns verwenden wir Heilkräuter in Kombination mit anderen Heilmitteln, zum Beispiel mit homöopathischen sowie Mitteln der klassischen Medizin.
Das Anwenden von Kräutern ist sehr einfach und kann bei Tieren über lange Zeit vorgenommen werden, ohne Schaden zu verursachen.
Bei der äußerlichen Anwendung werden mit einem z. B. aus Kamille erstellten Aufguß die Verletzungen ausgewaschen. Schwieriger ist es, den von den Tieren häufig verweigerten Tee zu verabreichen. Wir versuchen dann mit einigen Tricks, das Kräuterheilmittel dem Hund schmackhaft zu machen. Folgende Maßnahmen haben sich bewährt, und wir bedienen uns dieser immer wieder mit Erfolg:

1. Tee mit Süßstoff süßen, keinen Zucker verwenden.
2. Die Teeblätter fein zerreiben, den Sud oder den Aufguß dem Futter beimengen.
3. Tee mit Milch zubereiten. In der Regel nehmen die Tiere dieses Gemisch lieber auf.
4. Blätter mit Wasser anbrühen, und die angebrühten Kräuter in kleinen Portionen Hackfleisch verstecken.
5. Tee in einem medizinischen Spritzenkolben aufsaugen und (ohne Nadel) langsam seitlich in die Backentaschen träufeln.

Die Zubereitung von Tee aus frischen oder getrockneten Pflanzen ist die ursprünglichste und bekannteste Art der Verwendung von Heilpflanzen. Beachten Sie die Regeln zur Herstellung des Tees:

a. Die über dem Boden wachsenden Teile der Pflanze, Blätter, Stengel und Blüten, werden mit kochendem Wasser aufgegossen. Danach steht der Sud einige Zeit, um zu ziehen.

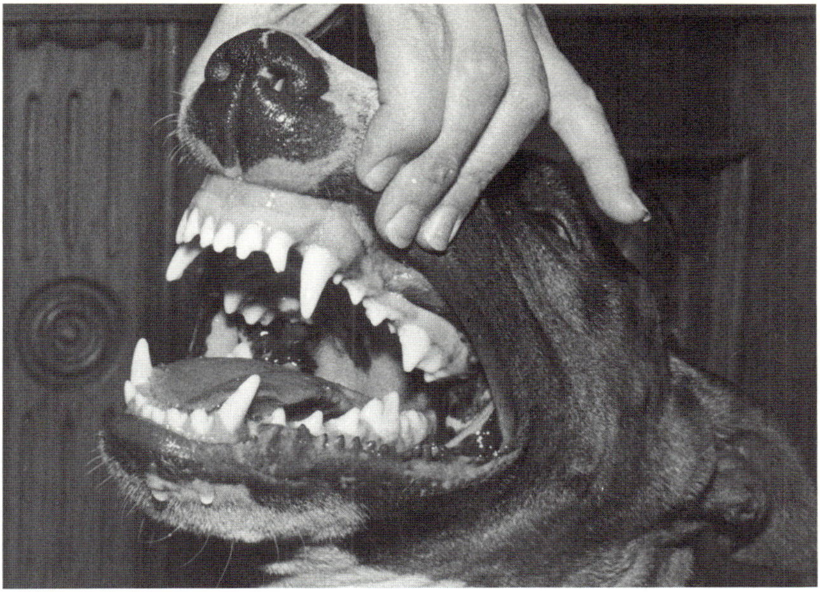

Vollständiges Bullterrier-Gebiß eines Rüden, drei Jahre alt

b. Wurzeln werden abends kalt angesetzt, über Nacht stehengelassen, und morgens wird das Extrakt kurz aufgekocht.
c. Die Samen werden (als Ausnahme) weder überbrüht noch angesetzt, sondern einige Zeit gekocht.

Pharmazeutische Tee-Mischungen können verabreicht werden und haben sich bewährt. Sie helfen bei verschiedenen Beschwerden gemäß Gebrauchsanweisung. Bei solchen Mischungen kann man den Kräuteranteil für das Hauptleiden erhöhen und somit die Wirkung verstärken.

Das Sammeln von Kräutern

Wer selbst Kräuter sammelt, sollte beachten, daß

1. Kräuter nicht naß gesammelt werden,
2. wildwachsende Kräuter bevorzugt werden,

3. Südhangpflanzen besser als Nordhangpflanzen sind,
4. Wurzeln im Herbst oder Frühling auszugraben sind,
5. geruchloses Kraut an der Sonne, stark riechendes im Schatten und nur zuletzt an der Sonne kurz getrocknet werden soll (etwa einen Tag).

Einige Heilkräuter und ihre Wirkung

Anis: Die reifen Samen wirken blähungswidrig und appetitanregend.
Arnika: Tee aus Wurzeln, Blättern und Blüten hilft bei Herzbeschwerden, wirkt harntreibend und magenstärkend. Ebenso gute Dienste leistet ein Aufguß zur Behandlung von Wunden.
Bärentraube (Blätter): Sie wirkt harntreibend sowie harnwegdesinfizierend (Niere, Blase).
Baldrian: Die Wurzeln sowie der Wurzelstock als Tee verwendet, wirken beruhigend.
Berberitze: Die Wurzeln unterstützen eine Therapie bei Leber- und Nierenleiden sowie bei Nierensteinen.
Dill: Früchte und Kraut können verwendet werden bei Appetitlosigkeit, Krämpfen sowie zur Steigerung der Milchsekretion der Hündin.
Fenchel: Frucht und Wurzel werden verwendet bei Blähungen und Bauchkrämpfen. Ebenso regt der Tee die Milchdrüse an.
Hopfen: Wird verwendet als Tee zur Beruhigung.
Johanniskraut: Blüten und Kraut werden zur Wundbehandlung verwendet.
Kamille: Die Blütenköpfe werden verwendet bei Magen- und Darmkatarrh, zur Wundbehandlung bei kleinen Verletzungen.
Kümmel: Die reifen Früchte verwendet man als krampflösendes, verdauungsförderndes Mittel.
Lavendel: Die Blütenblätter wirken zur Beruhigung sowie als galletreibendes Mittel.
Liebstöckel: Das Kraut wirkt harntreibend.
Majoran: Das blühende Kraut wirkt bei Magenkoliken.
Mariendistel: Die Früchte helfen bei Leber- und Gallenleiden.
Melisse: Zur Verwendung kommen die Blätter. Der Tee ist nervenberuhigend und hilft bei Blähungen und Magenbeschwerden.

Pfefferminze: Die Blätter verwendet man bei Koliken und Magenkatarrh.
Preiselbeere: Die Blätter und Beeren verwendet man bei Entzündungen der Harnwege.
Rosmarin: Die verwendeten Blätter eignen sich äußerlich als Badezusatz bei Verletzungen. Innerlich wirkt Rosmarin beruhigend.
Spitzwegerich: Tee aus den Blättern hilft bei Magen- und Darmkatarrh.
Wacholder: Die Zweigspitzen sowie die Beeren werden als Tee bei Magenschwäche und als harntreibendes Mittel verwendet.
Wegwarte: Der Tee wird aus den Wurzeln, den Blättern und der Blüte hergestellt. Er wirkt harntreibend, blutreinigend, appetitanregend und verdauungsfördernd.
Weißdorn: Früchte und Blüten werden verwendet. Wirkt beruhigend und gefäßerweiternd.
Wermuth: Zur Verwendung kommen Blätter und blühende Zweige. Der Tee wirkt krampflösend und galletreibend.
Zinnkraut: Verwendet wird das Kraut für Umschläge und zur Blutstillung.

Die homöopathischen Heilmittel

Seit einigen Jahren verwende ich solche Heilmittel in der Hundehaltung. Die erstaunlichen Erfolge mit einfachen Medikamenten haben bei mir das Interesse an der Homöopathie gefördert. Sehr intensiv habe ich Fachliteratur studiert sowie Kurse über diese Heillehre belegt.
Mit diesem Kapitel will ich keine Anweisungen zur Heilung von Krankheiten geben, denn zu einer erfolgreichen Behandlung gehört eine Diagnose. Nur einfache, sogenannte Hausmittel, die man von alters her kennt, werden hier beschrieben. Grundsätzlich sollte man vier bis fünf Tage nach Verabreichung von homöopathischen Gaben den Tierarzt aufsuchen, sofern diese Mittel keine Besserung bringen. Richtig eingesetzt, kann man mit diesen Medikamenten eine Funktionsstörung regulieren und den Organismus rasch wieder leistungsfähig machen.
Zerstörtes Gewebe, Entartungen von Zellen sowie altersbedingte Prozesse können mit diesen Mitteln nicht behandelt werden. Auch ersetzen homöopathische Heilmittel nicht das Messer.

54 *»Lady Gladis v. Römerhaus«*

Durch Dr. S. Hahnemann wurde 1755 zufällig eine Entdeckung gemacht, die zu einer neuen Heilmethode in der Medizin werden sollte. Durch die Einnahme von Chinarinde erzeugte er bei sich ein künstliches Fieber, das aber ohne Nachwirkungen später wieder verschwand. Diese Beobachtung führte zu der Überlegung, daß gewisse Naturstoffe Krankheitsbilder erzeugen, und man sie zur Heilung der wirklichen Krankheit benützen könnte. Nach vielen Experimenten an sich selbst formulierte er den Hauptansatz der Homöopathie: »Ähnliches soll mit Ähnlichem geheilt werden!« Das heißt, bei einer Erkrankung wird das körpereigene Abwehrsystem durch die Verabreichung der Medikamente gereizt und dazu gebracht, eine Gegenreaktion zu aktivieren. Dadurch, daß sich der Körper in seiner Abwehrreaktion auf den stark verdünnten Schadstoff einstellt, der in Wahrheit als Heilmittel wirkt, wird die Abwehr gegen die (ähnliche) echte Krankheitsursache verstärkt.

Durch die Beseitigung der Ursache wird die Krankheit an der ursächlichen Stelle angegangen und endgültig kuriert. In der Regel verwende ich die Heilmittel in der Dezimal-Potenz 6, das heißt z. B. Arnika D6 oder Arnika 6X. Mit der Höhe der Potenz wächst der Verdünnungsgrad. Der Arzneiträger Alkohol oder Milchzucker nimmt zu, und der Grundstoff oder die Droge nimmt ab. Bei D1 beträgt der Arzneigehalt ein Zehntel, bei D2 ein Hundertstel und bei D3 noch ein Tausendstel Gewichtsanteil.

Alle akuten, also gerade beginnenden Krankheiten müssen wiederholt Heilanstöße bekommen. Je nach Ausprägung der Krankheit alle zehn Minuten oder jede halbe Stunde fünf bis zehn Tropfen oder eine Tablette für den erwachsenen Hund. Für Junghunde nimmt man jeweils die halbe Dosis. Mit zunehmender Besserung werden die Abstände der Medikamentengabe verlängert. Anfangs drei- bis viermal, dann zwei- bis dreimal und zuletzt nur noch einmal täglich, man »schleicht« sich aus.

Die Heilmittel können mittels eines (Plastik-) Spritzenkolbens ohne Nadel oder in Oblaten eingegeben werden. Die flüssige Eingabe sollte immer unverdünnt über die Schleimhäute erfolgen, Tabletten zerdrükken, und das Pulver auf die Zunge geben. Die beste Verabreichungszeit ist eine Viertelstunde vor dem Füttern.

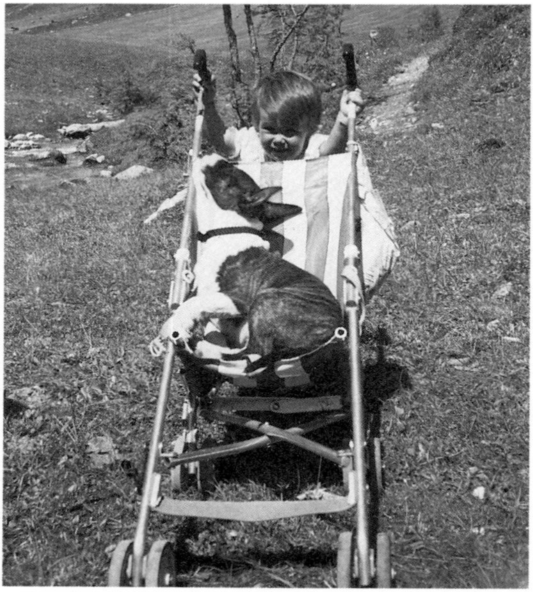

Bullterrier sind kinderfreundlich, ja sogar gute Spielkameraden – aber Aufsicht bleibt immer angeraten

Die Heilmittel und ihre Wirkung

Arnika-Montana, Bergwohlverleih: Zur äußerlichen Andwendung wird aus der ganzen frischen, blühenden Pflanze eine Tinktur hergestellt. Zur inneren Anwendung wird die getrocknete Wurzel verwendet. Arnika D6 brauchen wir bei Muskelkater und Folgen von Quetschungen und Verstauchungen. Man verwendet Arnika-Tinktur auch für Umschläge, etwa 40 Tropfen auf ca. 3 dl Wasser.
Arnika-Salbe verwendet man für Wunden, leichte Entzündungen, kleine Furunkel und leichte Schwellungen. Es empfiehlt sich das gleichzeitige Eingeben von Arnika D6 bei der äußerlichen Verwendung von Salben oder Tinkturen.
Aconitum Napellus, Sturmhut: Dieses ist eine Pflanze aus der Familie der Ranunkulazeen, die in südlichen Gebirgsgegenden wild wächst. Bei folgenden Krankheitszuständen ist sie anzuwenden: Entzündungsfieber,

akute Ausschläge, zum Beispiel Nesselfieber, Entzündungen der Leber. Aconitum wird in der Verdünnung D4 verwendet.

Antimonum Crudum, Spießglanz: Spießglanz ist im reinen Zustand ein dunkelbraunes, fast schwärzliches Pulver und sollte nur in Verreibungen angewendet werden. Spießglanz kann man in der Verdünnung D3 bei mangelnder Freßlust sowie Aufstoßen anwenden.

Arsenicum Album, weißer Arsenik: Weißer Arsenik wird bei folgenden Krankheiten empfohlen: Ekzeme, Magen- und Darmentzündungen, Unruhe, Angst, ruhrähnliche Durchfälle, Asthma.

Apis Mellifica, Gift der Hongibiene: Es ist eines der ersten homöopathischen Tierheilmittel. Die Anwendung ist gegeben bei Nesselfieber, zum Beispiel nach Insektenstichen, leichten Schwellungen der Schleimhäute sowie bei leichten Halsschmerzen (Entzündungen der Mandeln).

Cactus grandifloris, Königin der Nacht: Beim alternden Hund braucht man zur Stärkung des Herzens nach Anstrengungen sowie nach schweren Krankheiten Cactus-Urtinktur.

Chamomilla, Kamille: Bei leichtem Durchfall der Junghunde, beim

Sogar zum Ziehen sind sie da bereit

Zahnwechsel und bei Bauchschmerzen hilft Kamille sehr gut. Die Salbe verwendet man bei Verbrennungen sowie bei rauher Haut. Kamille ist heilungsfördernd bei schlecht heilenden Wunden.

Auch hier sollten bei äußerlicher Verwendung der Salbe gleichzeitig Kamillen-Tropfen verabreicht werden.

Calendula, Ringelblume: Dieses Mittel hat, innerlich verabreicht in der Verdünnung D6, sich besonders bewährt bei Bißwunden sowie bei Verätzungen durch Säuren und Laugen und sonstigen chemischen Verletzungen.

Calendula-Salbe: Mehrmals auf die befallene Stelle aufgetragen, lindert sie Schmerzen und fördert die Wundheilung.

Borax: ist ein weißes Pulver. Bei der Anwendung von Borax erzielt man erstaunliche Resultate bei lärmempfindlichen Tieren (Schuß, Gewitter, Lärm). Borax wird in der Verdünnung D3, oder dreimal täglich eine Tablette, angewandt.

Nux Vomica, Brechnuß: Die Anwendung erfolgt bei folgenden Krankheitszuständen: Appetitlosigkeit, Magenstörungen, bei leichten Fällen von Verstopfung sowie bei Blähungen, Erbrechen, Schmerzen im Magen-Darmbereich.

Cocculus, Kockelskörner: Braucht man bei Reisekrankheiten im Auto, auf dem Wasser und in der Luft. Eine halbe Stunde vor der Abreise zehn Tropfen und später beim Rasten nochmals zehn Tropfen eingenommen, wirken Wunder.

Hyoscyamus, Bilsenkraut: Aus den Blättern und Stengeln des Bilsenkrautes wird die Tinktur hergestellt und bei folgenden Beschwerden angewendet: Aggressionen, nervöse Erschöpfungszustände, »möchte sich auf alles stürzen«.

Anwendung: 20 Tropfen D30 einmal wöchentlich etwa vier bis fünf Wochen lang. Bei Wiederauftreten dieser Zustände 20 Tropfen Hyoscyamus D200, einmal wöchentlich während vier Wochen.

Ignatia, Ignatiusbohne: Zweimal zehn Tropfen Ignatia D30 im Abstand von zwei Stunden eingeben. Bei Heimweh wirkt dieses Mittel nachhaltig.

Ipecacuanha, Brechwurz: Die Tinktur wird aus der Wurzel gewonnen und bei folgenden Krankheiten angewendet: Darmkatarrh mit blutigen Durchfällen und Erbrechen, speziell bei Jungtieren.

Stets Interesse an der Umwelt!

Jodum, Jod: Aus der Asche verschiedener Meerespflanzen wird Jod gewonnen. Es hat einen metallischen Glanz. In der Homöopathie verwendet man das Jod entsprechender Verdünnung bei folgenden Krankheitszuständen: Kropf, Abmagerung trotz Appetits, Lymphdrüsenschwellungen.

Lachesis: Aus dem Gift der Buschotter (Lachesis Muta) wird das Mittel hergestellt und mit Erfolg bei Mandelentzündungen, Blutinfektionen, tiefliegenden Geschwüren als D15 angewendet.

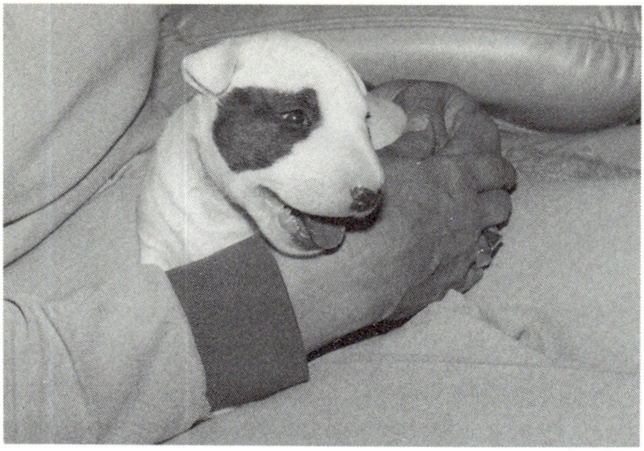

Hautkontakt mit dem Züchter von früher Jugend an ist wichtig

Platinum, Platin: Das Mittel wird aus dem gleichnamigen Metall hergestellt. Die Anwendung als D6 erfolgt bei Eifersucht und übermäßigem Begattungstrieb.
Pulsatilla, Küchenschelle: Die Pflanze, aus der die Tinktur gewonnen wird, wächst auf Sandboden und in Nadelwäldern des mittleren und nördlichen Europas. Sie hat sich bei folgenden Krankheiten bewährt: Scheinschwangerschaft, Augenentzündungen, stark gerötete Augenbindehaut. Zur Anwendung kommt die Verdünnung D4.
Sepia, Tintenfisch: Aus dessen Blase im Unterleib gewonnener Saft. Er wird älteren Hündinnen verabreicht, bei denen Störungen des Hormonhaushalts auftreten. Bei Hautschrunden und Hautjucken. Als Verdünnung D12 oder als Verreibung D3 anwenden.
Silicea, Kieselsäure: Sehr heilkräftiges Mittel bei chronischen Eiterungen, Fisteln und schmerzlosen Drüsengeschwülsten.
Urtica Urens, Brennessel: Bei Milchmangel, Verbrennungen und Nesselfieber hat sich das Mittel hervorragend bewährt.

Ernährung

Die wildlebenden Ahnen unseres Hundes waren Jäger. Sie verzehrten ihre Beute mit Haut und Haar. Bevorzugte Leckerbissen waren die Innereien. Magen und Darm ihrer Beutetiere enthielten auch vorverdaute Pflanzen und wichtige Vitamine. Wölfe und Wildhunde fraßen also nicht nur Fleisch. Genauer wäre die Bezeichnung »Tierfresser«. Aus Untersuchungen des Mageninhaltes wissen wir, daß darüber hinaus praktisch alles auf dem Speisezettel stand, was die Natur bot: Früchte, Samen und Gräser, Frösche und Schlangen, selbst Insekten wurden verzehrt. Nur so konnten der Hunger gestillt und genügend Vitamine und Mineralstoffe aufgenommen werden.

Angemessene artgemäße Nahrung hat der Hundehalter seinem Hund nach dem Tierschutzgesetz anzubieten. Unkenntnis oder falsch verstandene Tierliebe können leicht zu Tierquälerei führen: Der Hund ist kein Resteverwerter. Mit Süßigkeiten ist ihm nicht gedient. Falsche Ernährung kann Fettsucht, innere Erkrankungen oder Hautkrankheiten verursachen. »Angemessen« ist nur eine gesunderhaltende Nahrung. Die Freßgewohnheiten der Wildtiere zeigen, wie das Futter zusammengesetzt sein muß:

Fleisch ist die Ernährungsgrundlage. Es enthält neben Salzen, Geschmacksstoffen und Vitaminen vor allem tierisches Eiweiß. Reines Muskelfleisch oder Herz können ebenso wie ausschließlich minderwertige sehnige, häutige oder knorpelige Teile zu Verdauungsstörungen führen. »Artgemäß« ist eine aus leichter und schwerer verdaulichen Bestandteilen gemischte Fleischgrundlage. Dazu gehört auch tierisches Fett. Es dient als Energiequelle.

Pflanzen enthalten neben pflanzlichem Eiweiß, Vitaminen und Mineralstoffen vor allem Stärke und Zucker. Diese Kohlehydrate liefern ebenfalls Energie. Sie muß aber bei den meisten Nährmitteln durch Erhitzung »aufgeschlossen«, das heißt verdaulich gemacht werden. Für Sättigung,

Darmfüllung und geregelte Verdauung sorgen unverdauliche Rohfasern, die vor allem in Rohkost auch in Hundeflocken, weniger aber in gekochtem Reis enthalten sind. Ungesättigte Fettsäuren aus Pflanzenölen sind vor allem für gesunde Haut und glänzendes Fell wichtig.
Für den gesunden Hund ist eine Ergänzung der Fleischgrundlage durch aufgeschlossene rohfaserhaltige Pflanzenkost das Richtige.
Eine vielseitig zusammengesetzte Nahrung enthält auch Vitamine. Das sind Wirkstoffe, die für Stoffwechselprozesse wie Blutgerinnung, Nervenfunktion oder Infektabwehr benötigt werden, die der Körper jedoch selbst nicht produzieren kann. Mineralstoffe und Spurenelemente sind nicht nur für den Knochenbau, sondern auch für viele andere Stoffwechselprozesse unerläßlich.

Eine Wissenschaft für sich?

Erhaltungs- und Leistungsbedarf, Nährwerttabellen, Kalorien und Joule – das ist schon eine Wissenschaft für sich – beflügelt durch die Futtermittelindustrie. Bei allem Respekt wundert sich der Praktiker, daß trotz Unkenntnis und Fehlern früherer Zeiten die Spezies Haushund nicht längst ausgestorben ist. Zum besseren Verständnis genügen folgende Überlegungen:
Der Körper des erwachsenen Hundes befindet sich in einem dauernden Umbau. Zur Erhaltung der Körpersubstanz sind daher Eiweißbausteine erforderlich, für die damit verbundenen Stoffwechselvorgänge Energielieferanten, Vitamine und Mineralstoffe. Das Futter soll in der Trockenmasse etwa ein Drittel Eiweiß, mindestens fünf Prozent Fett und höchstens die Hälfte Kohlehydrate enthalten.
Welpen und Junghunde brauchen für ihr Wachstum mehr Nahrung als gleich schwere erwachsene Hunde, bis zum sechsten Monat etwa doppelt soviel und dann immerhin noch fünfzig Prozent mehr. Ihr Futter soll zu zwei Dritteln – später mindestens zur Hälfte – aus Fleisch und anderen Eiweißstoffen bestehen.
Diese Richtwerte gelten nur bei normaler Belastung. Besondere Leistungen erfordern eine Zulage. Als Fleischfresser kann der Hund zwar auch aus Eiweiß Energie gewinnen, die Ausbeute ist jedoch gering (und teuer).

»Sir Jack« beim Ring-Training

Zugelegt werden daher kohlehydrathaltige Futtermittel. Erhaltungs- und Leistungsbearf sind praktisch nicht zu trennen. Bei Dauerarbeit kann bis zu viermal mehr Energie als bei Ruhe verbraucht werden.

Die wichtigsten Grundregeln

Die **Futterration** kann nicht mit der Briefwaage abgemessen werden. Neben Alter und Leistung und Haltung im Haus oder im Freien ist die individuelle Veranlagung des Hundes ausschlaggebend. Es gibt gute und schlechte Futterverwerter. Ein normal veranlagter, durchschnittlich beanspruchter erwachsener Bullterrier braucht täglich etwa 500 g Fleisch mit 200 g Flocken. Den gleichen Nährwert haben 1000-g-Dosen-Vollnahrung oder 300 g Trockenfutter. Bei einem gesunden, gut ernährten Hund sollen die Rippen optisch nicht hervortreten, mit der flachen Hand aber noch fühlbar sein. So kann man »erfühlen«, ob etwas Futter zugelegt oder abgezogen werden muß.

Junghunde können die tägliche Futtermenge unmöglich auf einmal aufnehmen. Eine Magenüberladung wäre die Folge. Knochen, Bänder und Gelenke würden zu stark belastet und bleibende Schäden davontragen. Immerhin braucht ein halberwachsener Bullterrier bereits genausoviel Futter wie sein ausgewachsener Artgenosse. Die Ernährung der Welpen erfolgt zunächst genauso, wie der Züchter es gehandhabt und dem Käufer empfohlen hat. Umstellungsbedingte Verdauungsstörungen werden so vermieden. Dem Welpen wird die Eingewöhnung erleichtert.

Bis zum Abschluß des Zahnwechsels mit etwa sechs Monaten erhält der Junghund täglich drei bis vier, später bis zum Abschluß des Wachstums mit etwa zweieinhalb Jahren zwei Mahlzeiten täglich. Der Junghund darf zunächst noch etwas »Babyspeck« haben. Er hilft, Krankheiten besser zu überstehen. Mangelernährung in der Jugend ist kaum wiedergutzumachen.

Fresser werden nicht geboren, sondern erzogen: Der erwachsene Hund erhält täglich ein bis zwei Mahlzeiten, je nach Veranlagung. Was in einer Viertelstunde nicht aufgefressen ist, gehört in den Mülleimer. Wichtig sind regelmäßige, feste Futterzeiten, weniger wichtig, ob diese morgens, mittags oder abends sind. Stets soll jedoch der Hund nach dem Fressen

ruhen, so wie es auch Wildtiere nach ergiebigem Mahl zu tun pflegen. Bei »Sport und Spiel« besteht die Gefahr, daß sich ein gefüllter Magen verdreht – eine lebensgefährliche Situation.
Das Futter soll vielseitig sein, damit es alle benötigten Nährstoffe enthält. Der Hund braucht aber wenig Geschmacksabwechslung. Die Gefahr einer Fehlernährung sinkt bei abwechslungsreichem Futter.

Fertigfutter – sicher, bequem und preiswert

Die Vorurteile gegen Fertigfutter sind überholt. Es entspricht in Eiweißanteil und sonstigen Inhaltsstoffen den wissenschaftlichen Erkenntnissen. Durch moderne Konservierungsverfahren werden Vitamine weniger geschädigt als durch haushaltsübliches Kochen. Krankheitserreger im Fleisch werden bei der Herstellung abgetötet. Ein weiterer Vorteil ist die praktische Vorratshaltung. Auf Reisen ist Fertigfutter die einfachste Futterlösung. Es ist kaum teurer als selbstzubereitetes Futter. Gegen Fertigfutter gibt es eigentlich nur einen Einwand: Artgemäßerweise frißt der Hund Rohes, nicht aber Gekochtes.
Dosenfutter enthält reichlich Eiweiß. Das Etikett muß genau gelesen werden: »Vollnahrung« enthält bereits pflanzliche Futtermittel und ist futterfertig. Zu »Fleischnahrung« müssen noch Flocken, Reis oder Gemüse zugemischt werden. Als vermeintlicher Nachteil werden vielfach die großen Kotmengen nach Verfütterung von Dosenfutter empfunden. Sie sind Folge des Rohfaseranteils und der damit verbundenen guten Darmfüllung. Geschwächte kranke Hunde reagieren bei plötzlicher Umstellung auf Dosenfutter gelegentlich mit Durchfall.
Fertigfuttermischungen aus Trockenfleisch und Nährmitteln werden mit warmem Wasser oder Brühe dickbreiig angerührt – eine unproblematische Futterzubereitung.
Trockenfutter in Keks- oder Ringform und Hundekuchen enthalten fünfmal weniger Wasser als normal feuchtes Futter. In einem Extranapf muß daher unbedingt Wasser angeboten werden. 200 g Trockenfutter haben etwa den gleichen Nährwert wie eine 850-g-Dose-Vollnahrung oder 400 g Fleisch und 125 g Flocken. Zusätzliche »Leckerlis« sind Dickmacher!
Fertigfutter ist meist nach dem Bedarf erwachsener Hunde zusammenge-

 Hier wache ich!

stellt. Junghunde erhalten daher als Eiweißzulage zusätzlich Fleisch oder Milcherzeugnisse oder aber gleich ein spezielles Welpen- oder Junior-Fertigfutter.

Eigener Herd . . .

Schwieriger ist es, seinen Hund mit selbstzubereitetem Futter zu ernähren. Man muß dazu einiges über Wert und Eigenschaften der Futtermittel wissen.

Fünf Bullterrier gleichzeitig, und alle ordentlich leinenführig

Fleisch ist die Futtergrundlage. Rinderpansen und Blättermagen, Herz, Fleischabschnitte, Maulfleisch, Leberabschnitte, Schlund, Milz und Nieren sind ein fast vollwertiger Ersatz für das teurere Muskelfleisch. Euter, Lunge und »Schweineringel« sind nur bedingt und allenfalls in kleinen Mengen geeignet. Besonders wertvoll ist »grüner« Pansen, ein roher, ungereinigter Rindermagen: Er enthält Futterreste, die bereits vorverdaut sind und Vitamine enthalten, die aus dem Pflanzenfutter stammen oder im Pansen gebildet wurden. Haltbarer und weniger duftend ist der gereinigte und gebrühte »weiße« Pansen, der aber auch weniger wertvoll für die Ernährung ist. Rohe Leber und rohe Milz haben eine abführende Wirkung und dürfen daher – je nach Kotbeschaffenheit – nur in kleinen Mengen zugegeben werden. Geflügel- und Schweinefleisch sollten stets gekocht werden, weil sie sonst Durchfallerreger (Salmonellen) enthalten oder die lebensgefährliche Aujeszkysche Krankheit hervorrufen können. Die Fleischgrundlage sollte stets aus verschiedenen Bestandteilen bestehen. Bei einseitiger Zusammensetzung, zum Beispiel ausschließlich Pansen, können Eiweißbausteine fehlen, die der Hund braucht.

Andere Eiweißquellen können das Futter vervollständigen. Hunde mit gesunder Leber und Niere dürfen gelegentlich unverdorbenen Fisch, frei von harten Gräten, fressen. Junghunde bis zum sechsten Monat können täglich eine mit Milch hergestellt Mahlzeit erhalten. Bei älteren Junghunden muß Kuhmilch verdünnt werden. Erwachsene Hunde erhalten – wie in der Natur – keine Milch. Sie können den Milchzucker nicht verdauen. Der Darminhalt wird dadurch zu weich. Hauterkrankungen können die Folge sein. Besser als Kuhmilch sind Welpenmilch-Präparate, die auch von älteren Hunden vertragen werden. Auch rohes Eiklar kann der Hund nicht richtig verdauen. Rohes Eigelb ist dagegen vor allem für junge und kranke Hunde gesund und bekömmlich. Gekochte und gebratene Eier verträgt jeder Hund. Viele Hunde mögen auch Magerquark – eine wertvolle Ergänzung hochwertigen Eiweißes – besonders für Junghunde. Käse ist dagegen nicht schädlich. Käserinden, Wurstpellen, Geräuchertes und Gewürztes gehören aber nicht in den Hundenapf.

Einkaufsmöglichkeiten für Futterfleisch bieten Hundefutterhandlungen und Fleischereien sowie Zoogeschäfte und Supermärkte. Frisches Futterfleisch ist leicht verderblich und sollte auch bei Kühlung nicht länger als zwei Tage aufbewahrt werden. In der Gefriertruhe kann man Fleisch etwa drei Monate aufbewahren, zweckmäßigerweise in dicht schließenden Kunststoffbeuteln portionsweise verpackt.

Die **Zubereitung** des Futters erfordert nur geringen Aufwand. Da der Hund sein Futter nicht kaut, sondern schlingt, wird das Fleisch in maulgerechte Happen geschnitten, aber nicht wie Hackfleisch zerkleinert. Viele Hundefutterhändler nehmen dem Käufer diese Arbeit ab. Das frische oder aufgetaute Fleisch wird mit heißem Wasser angebrüht. So bleibt es innen roh, wird aber leicht erwärmt. Eiskaltes Futter ist Gift für den Hundemagen.

Als pflanzliche Ergänzung können gekochte Haferflocken, Graupen, Hirse oder Reis zugegeben werden. Einfacher geht es mit »Hundeflokken«, einem Gemisch getoasteter und daher verdaulicher Getreideerzeugnisse mit ausreichendem Rohfasergehalt. Zwei Maß Flocken werden einem Maß Fleisch mit warmem Wasser zugemischt. Das Futter soll dickbreiig, nie suppig sein. Junghunde erhalten Flocken und Fleisch in gleichen Raumteilen. Von Fall zu Fall sollen die Flocken ganz oder teilweise durch Gemüse ersetzt werden, das mit einer Gabel zerdrückt wird. Es schadet nichts, wenn Essensreste leicht gesalzen sind. Der Hund braucht Kochsalz für eine einwandfreie Nierentätigkeit. Hülsenfrüchte und Kohl gehören allerdings nicht ins Hundefutter. Sie sind schwer verdaulich und verursachen Blähungen.

Rohkost, insbesondere fein zerkleinerte Möhren und Äpfel, sind eine sättigende und vitaminreiche Futterergänzung. Auch gehackte Petersilie oder Kresse und frische Obst- und Gemüsesäfte können das Vitaminangebot vervollständigen.

Zur Versorgung mit ungesättigten Fettsäuren – wichtig zum Beispiel für Haut und Haar – kann dem Futter einmal wöchentlich ein Teelöffel Pflanzenöl zugesetzt werden. Auch eine Scheibe Brot mit Pflanzenmargarine ist eine vorzügliche Ergänzung, insbesondere gut durchgebackenes Roggenbrot. Brot soll aber nie eingeweicht werden.

Für den **Junghund** ist eine ausreichende Vitamin D-Versorgung zur Verhütung der Knochenweiche (Rachitis) besonders wichtig. Überdosierungen sind aber schädlich. Anstelle des Lebertrans sollten, wenn es bei ausgewogener Ernähung überhaupt nötig ist, daher genau dosierbare Vitamin D-Präparate nach tierärztlicher Verordnung gegeben werden. Bierhefe – Bestandteil vieler Hundeflocken – enthält auch B-Vitamine. Für den

Für einen Bullterrier kein Hindernis ...,

jungen Hund ist die Zufütterung eines Kalkpräparates für Wachstum und Knochenbau unerläßlich. Aber auch der erwachsene Hund braucht eine Mineralstoffergänzung, weil selbstzubereitetes Futter nicht alle Stoffe in ausreichender Menge enthält. Speziell für den Bedarf des Hundes zusammengestellte Mittel sind besser und billiger als Kalktabletten.

Knochen sollten an den Bullterrier nicht verfüttert werden: sie können hartnäckige Verstopfungen verursachen; harte Röhrenknochen, vor allem von Geflügel, können splittern und zu inneren Verletzungen führen, und Kotelettknochen können in der Speiseröhre steckenbleiben. Der Nährwert von Knochen ist ohnehin gering, Mineralstoffe sind sicherer und ungefährlicher als Kalkpräparate einzunehmen, und zur Gebißpflege und Kräftigung der Kaumuskulatur leisten harte Hundekuchen oder Kauknochen aus Rinderhaut gleich gute Dienste.

Fastentage müssen wildlebende Fleischfresser oft einlegen. Für Hunde mit Übergewicht ist ein Fastentag in der Woche ein probates Mittel zum Abnehmen. An den übrigen Tagen darf der erwachsene Hund sich einmal täglich stattfressen. Seine fettarme Fleischgrundlage wird allerdings mit nährstoffarmer Lunge gestreckt, und statt der Flocken erhält er Weizenkleie und Rohkost. Einfacher, aber teurer, ist Diät-Fertigfutter.

Wasser, immer frisch und sauber, nie eiskalt, muß dem Hund ständig zur Verfügung stehen. Ein gesunder Hund trinkt zwar bei normal feuchtem Futter kaum, muß aber doch bei Hitze, nach Anstrengungen oder zu bestimmtem Futter seinen Durst löschen können. Ständig stark vermehrter Durst ohne erkennbaren Grund ist ein Krankheitszeichen.

Patentrezepte

Fragt man zehn Hundeexperten, erhält man sicher wenigstens neun »bewährte, für diese Rasse einzig richtige« Ernährungsanleitungen, von denen acht völlig richtig sind. Trotz aller Erfahrung und wissenschaftlicher Akribie gibt es gottlob viele Möglichkeiten, seinen Hund artgemäß und ausreichend zu ernähren. Man muß nur die angeführten Ernährungsregeln mit Verständnis beachten – sei es mit Fertigfutter, sei es mit einem eigenen, auf Haushalt, Hund und Geldbeutel abgestellten Spezialrezept, sei es auch mit beidem.

... so hoch war's doch gar nicht

Gesundheit

Vorbeugen ist besser als Heilen

Artgerechte Haltung, Pflege und Ernährung sind Voraussetzungen für die Gesundheit. Das seelische Wohlbefinden des Hundes ist so wichtig wie das körperliche. Der gesunde Hund nimmt aufmerksam und lebhaft Anteil an seiner Umgebung, ist kräftig und ausdauernd. In der Ruhe atmet er 10 bis 20mal, das Herz schlägt 70 bis 100mal in der Minute. Die Körpertemperatur liegt um 38,5 °C. Gesundheit ist nicht nur »Freisein von Krankheiten«, sie schließt auch Widerstandskraft gegen Infektionen ein.
Das Haarkleid schützt nicht nur gegen Wind und Wetter. Ein glattes, glänzendes, dicht anliegendes Deckhaar ist auch ein Zeichen von Gesundheit. Der Bullterrier kann täglich mit einer Spezialbürste gebürstet werden. Besonders wichtig ist das Bürsten während des Haarwechsels im Frühjahr und zum Winteranfang. Durch Baden kann der schützende Säuremantel der Haut zerstört und das Haar entfettet werden. Der Bullterrier wird deswegen nur ausnahmsweise gebadet, zum Beispiel, wenn er sich nach Hundeart in Aas oder Kot gewälzt hat. Dann wird er lauwarm geduscht und mit Hundeshampoo oder mildem Haarwaschmittel, nie jedoch mit Seife oder Spülmittel gewaschen. Nach gründlichem Ausspülen wird das Fell trockengerieben. An einem warmen, zugfreien Ort muß das Fell trocknen, ehe der Hund wieder hinaus darf. Stumpfes Haar, ständiger Haarausfall und starker Geruch deuten auf innere Erkrankungen hin. Die Haut soll frei von Schuppen und Rötungen sein. Kein Juckreiz soll den Hund plagen.
Flöhe, Läuse und Haarlinge kann auch der gepflegteste Hund von einer Hundebegegnung mitbringen. Bei Juckreiz wird als erstes die Haut auf Flohstiche – bis zu linsengroße, geschwollene Rötungen – und das Fell auf Parasitenkot – kleine schwarze Pünktchen – abgesucht. Lieblingssitze der ungebetenen Gäste sind die Innenflächen der Hinterbeine, die Achselhöhlen und die Ohrmuscheln. Bei leichtem Befall genügt ein Flohpu-

der oder -spray. Wirksamer sind Waschlösungen, die das Fell bis auf die Haut benetzen, oder verschreibungspflichtige Mittel, die auf die Haut getropft werden und bis zu vier Wochen wirken. Das Ablecken solcher Mittel muß aber unbedingt verhindert werden. »Anti-Floh-Halsbänder« geben bis zu vier Monaten gas- oder puderförmige Wirkstoffe ab. In Hundehütten können bei einigen Halsbändern Giftgaskozentrationen auftreten, die auch für den Hund bedenklich sind. Manche Halsbänder verlieren zudem durch Nässe an Wirksamkeit.
Bei Flohbefall muß immer das Lager des Hundes mitbehandelt werden. Moderne Spezialmittel töten dabei nicht nur »erwachsene« Flöhe, sondern stoppen auch die weitere Entwicklung der Flohlarven. Hundedecken werden am besten ausgekocht; Teppiche regelmäßig gesaugt und Stroh in der Hütte gewechselt.

Zecken lassen sich aus dem Gebüsch auf den Hund fallen, beißen sich in der Haut fest und saugen sich mit Blut voll. Sie sehen dann wie prallgefüllte graubraune bis zu kirschkerngroße Säckchen aus. Zecken dürfen nicht einfach ausgerissen werden. Dabei können die Beißwerkzeuge in der Haut steckenbleiben und zu Entzündungen führen. Man betäubt die Zecke mit Alkohol oder hüllt sie mit Öl ein und wartet etwa zehn Minuten. Am sichersten wirkt ein Spraystoß mit einem insektiziden »Desinsektspray«. Die betäubte oder tote Zecke wird vorsichtig aus der Haut herausgedreht.

Die Ohren brauchen beim Bullterrier normalerweise nicht gereinigt zu werden. Dunkle, übelriechende Beläge im Ohr zeigen eine Entzündung an, die umgehend tierärztlicher Behandlung bedarf. Meist wird der Hund sich dann auch am Ohr oder – scheinbar – am Halsband kratzen und den Kopf schütteln. Ursache des »Ohrenzwanges« können Ohrmilben, Grasgrannen oder andere Fremdkörper sowie Bakterien und Pilze sein.

Die Augen werden mit einem Stückchen Mullbinde oder einem Taschentuch vom »Schlaf« gereinigt. Fusseln von Watte oder Papiertaschentüchern reizen die Schleimhäute. Bindehautentzündungen können auch durch Zugluft, Staub oder starke Sonne verursacht werden. Besonders anfällig sind Hunde, deren Augenlider dem Augapfel nicht eng anliegen. Zur Linderung werden Augentropfen in den heruntergezogenen Bindehautsack geträufelt. Borwasser wird heute nicht mehr verwendet, weil feine Kristalle als Fremdkörper wirken können. Länger andauernder, wäßriger, schleimiger oder eitriger Augenausfluß sollte nicht mit Hausmitteln kuriert werden: Es könnte eine Infektion vorliegen; Wucherungen auf der Rückseite der Nickhaut müssen meist operativ behandelt werden.

Die Zähne werden durch Hundekuchen ausreichend gereinigt. Auch die Tortur des Zähneputzens kann Zahnstein nicht verhindern. Zur Entfernung weicher Beläge eignet sich am ehesten ein Wattebausch, getränkt mit dreiprozentiger Wasserstoffsuperoxydlösung. Zahnstein ist ein fest anhaftender brauner Belag aus verhärteten Salzen. Fauliger Mundgeruch durch Zahnfleischentzündungen und -vereiterungen sowie Zahnausfall sind die Folgen.

Zahnstein sollte frühzeitig fachkundig entfernt werden. Lose Zähne müssen gezogen werden; der Hund kann auf schmerzende Zähne gut verzichten. Nach Entfernung ihrer Eiterherde wird er sich auch allgemein wohler fühlen, denn sie können den Körper vergiften und zum Beispiel chronische Herzklappenentzündungen auslösen.

Auch Milchhakenzähne, die beim Zahnwechsel nicht ausfallen, müssen gezogen werden. Sie können zu Stellungsfehlern im bleibenden Gebiß führen.

Die Analbeutel sollen eigentlich bei jedem Kotabsatz eine individuelle Duftmarke zur Revierkennzeichnung hinterlassen. Infolge der Domestikation funktioniert die Entleerung häufig nicht richtig. Sekretstauungen sind die Folge; den Juckreiz versucht der Hund vergeblich durch Rutschen auf dem After zu beseitigen. Dieses »Schlittenfahren« ist entgegen landläufiger Vermutung fast nie auf Wurmbefall zurückzuführen. Stark gefüllte Analbeutel müssen fachkundig ausgedrückt, vereiterte tierärztlich behandelt werden.

Die Krallen werden bei normalem Auslauf auf festem Boden ausreichend abgelaufen. Nur bei krankhaftem Hornwachstum oder Stellungsfehlern müssen sie geschnitten werden. Dabei soll die in der Kralle verlaufende Ader nicht verletzt werden.

Mit fünf Wochen lernt man auch schon langsam das feste Stehen

Hautverletzungen müssen genau inspiziert werden. Oberflächliche Abschürfungen und Schrunden können mit Hausmitteln behandelt werden. Auf jeden Fall werden im Bereich der Verletzungen die Haare mit einer gebogenen Schere kurz abgeschnitten. Sie verkleben sonst mit dem Wundsekret; Vereiterung ist die Folge. Die Wunde wird mit Wundgel, -spray oder -tinktur behandelt. Fetthaltige Salben behindern den heilungsfördernden Luftzutritt, Puder verkrustet.
Bei tieferen Wunden mit Durchtrennung der Haut sollte umgehend ein Tierarzt hinzugezogen werden. Bei Beißereien und Stacheldrahtverletzungen wird die Haut oft vom Körper losgerissen, so daß tiefe Taschen entstehen. Haare und Schmutz in der Tiefe der Wunden müssen soweit wie möglich entfernt werden. Von Fall zu Fall ist zu prüfen, ob eine »offene Wundbehandlung« oder eine Naht besser ist. Nur frische Wunden können mit Aussicht auf komplikationslose Heilung genäht werden.
Eine offene, aus der Tiefe nässende oder eiternde Wunde darf der Hund belecken. In allen anderen Fällen wird die Wundheilung behindert, weil die zarten Heilungszellen am Wundrand gestört werden. Das Belecken von Wunden und das Abreißen von Verbänden kann durch einen Halskragen verhindert werden. Aus einem passenden Kunststoffeimer wird der Boden herausgeschnitten. Die Schnittkanten werden abgepolstert, an vier Stellen durchlöchert und mit Bindfäden versehen, die am Lederhalsband festgebunden werden.
Wundstarrkrampf ist beim Hund selten. Impfungen sind daher nicht üblich. Zur Vorbeuge sollen Wunden ausbluten und nicht luftdicht abgedeckt werden. Wenn größere Adern verletzt sind, kommt es zu andauernden, starken Blutungen. Häufig tritt Blut im Strahl aus. Dann muß zur Ersten Hilfe ein Druckverband angelegt werden. An ungünstigen Körperstellen wie am Kopf kann auch von Hand eine Kompresse aufgedrückt werden. Gliedmaßen können abgebunden, die Abbindung muß aber viertelstündlich kurz gelöst werden. In solchen Fällen ist stets umgehend tierärztliche Hilfe erforderlich.
Unfälle können auch zu inneren Verletzungen und Gehirnerschütterungen führen. Bei Bewußtseinstrübungen soll nie Flüssigkeit eingeflößt werden. Die Maulschleimhaut kann aber mit Kaffee, Tee oder auch einfach

mit Wasser befeuchtet werden. Der Hund wird seitlich mit tiefliegendem Kopf und herausgezogener Zunge auf einer Decke gelagert, die, von zwei Personen an den Ecken strammgezogen, auch als »Tragbahre« dient. Am Unfallort sind meistens die Diagnose und vor allem eine wirksame Schockbehandlung erschwert. Telefonisch sollte zur Vermeidung unnötiger Wege und Zeiten ein dienstbereiter Tierarzt verständigt und umgehend aufgesucht werden.

Lahmheiten können viele Ursachen haben. Als erstes wird die Pfote untersucht. Dornen oder Splitter werden ausgezogen. Verfilzte Haare drücken zwischen den Ballen wie ein Stein im Schuh; sie werden daher vorsichtig ausgeschnitten. Wunde Stellen werden wie Hautverletzungen behandelt. Im Winter müssen Streusalzreste von den Pfoten abgewaschen werden. Bei Krallenbettentzündungen können warme Kamillen- oder Seifenbäder Linderung bringen. Lose Krallenteile werden an der Bruchstelle beherzt abgeschnitten. In vielen Fällen ist ein Verband erforderlich. Er muß fachkundig angelegt werden, um Druckstellen zu vermeiden. Bei Schwellungen, Prellungen und Verstauchungen kann das Feld des betroffenen Körperteils mehrmals täglich mit kaltem Wasser durchnäßt werden. Das wirkt wie ein Kühlverband, lindert den Schmerz und hemmt – frühzeitig angewendet – weitere Schwellungen. Wenn ein Bein überhaupt nicht belastet wird, besteht Verdacht auf Knochenbruch.

Andauernde, wiederkehrende oder sich verschlimmernde Bewegungsstörungen sind stets ein Fall für den Tierarzt. Bei Junghunden können schmerzhafte Knochenauftreibungen oder Ablösungen des Ellenbogenhöckers zu Lahmheiten führen. Ältere Hunde leiden oft unter chronischen Gelenkentzündungen. Die Hüftgelenksdysplasie (HD) ist erblich veranlagt: Eine Abflachung der Gelenkpfanne begünstigt Arthrosen und Verrenkungen. Im Alter können auch die Rückenmarkshäute verknöchern. Dadurch werden die Nerven eingeklemmt. Zunehmende Nachhandschwäche bis hin zur Lähmung ist die Folge. Relativ oft wird das Humpeln auf einem Hinterbein durch eine Ausrenkung der Kniescheibe bedingt, die operativ fixiert werden muß.

Vergiftungen sind meist »Unglücksfälle« und nur selten böse Absicht. Rattengift kann bei unsachgemäßem Auslegen direkt, aber auch mit vergifteten Nagetieren aufgenommen werden. Meist handelt es sich um Cumarinpräparate, die zu inneren Blutungen führen. Vorsicht ist auch bei

Schädlings- und Unkrautbekämpfungs- sowie bei Frostschutzmitteln geboten. Hochgiftige Thallium-, Zinkphosphid- und Arsenzubereitungen, Blausäure und Strychnin sind heute gottlob kaum noch erhältlich. Die besten Überlebenschancen bestehen, wenn man »nach frischer Tat« das Gift wieder aus dem Magen herausbefördern kann. Der Tierarzt kann Erbrechen durch eine Spritze auslösen, der Laie durch Eingeben von zwei bis drei Teelöffeln Salz. Nach dem Erbrechen kann ein Aufschwemmung von etwa zehn Kohlekompretten eingeflößt werden. Milch wird nicht gegeben, weil verschiedene Gifte fettlöslich sind. Etwa vorhandene Hinweise auf die Art des Giftes ermöglichen eine rechtzeitige, gezielte tierärztliche Behandlung. Ungewisser sind die Aussichten, wenn Vergiftungsfolgen wie Krämpfe, Mattigkeit oder Brechdurchfall schon eingetreten sind, die Ursache aber nur vermutet werden kann. Eine genaue Diagnose ist oft erst durch Spätschäden wie Blutungen oder Haarausfall möglich. Dann kann es für eine Rettung bereits zu spät sein.

Durchfall ohne Fieber bessert sich häufig nach einem Fastentag: Der Hund erhält ausschließlich stark verdünnten Tee mit einer Prise Salz, aber ohne Zucker. Zur Geschmacksverbesserung ist Süßstoff erlaubt. Zusätzlich ist es nie verkehrt, eine Aufschwemmung von Kohlekompretten einzugeben. Keinesfalls darf Durchfall mit Wasserentzug »behandelt« werden; der Körper würde zu stark austrocknen. Am zweiten Tag erhält der Hund in kleinen Portionen ein Diätfutter, zum Beispiel Beefsteakhack, Schmelzflocken und rohen geriebenen Apfel. Am dritten Tag muß der Kot zumindest wieder dickbreiig sein.

Verstopfungen lassen sich oft durch rohe Leber oder Milz oder einige Teelöffel süßer Dosenmilch beheben. Bei krampfhaft vergeblichem Drängen kann ein Mikroklistier Erfolg bringen. Bei einer Verhärtung von Knochenteilen im Enddarm hilft allerdings meist nur ein fachgerechter Einlauf.

Erbrechen ist keine selbständige Krankheit. Einmaliges Erbrechen kann durch zu hastiges Fressen, zu kaltes Futter oder Aufnahme von Fremdkörpern ausgelöst werden. Gelegentliches Erbrechen ist beim Hund ohne große Bedeutung. Um zu erbrechen, frißt der Hund häufig Gras. Geschieht dies regelmäßig, oder wird ständig das Futter erbrochen, muß ein Tierarzt aufgesucht werden. Auch Durchfall und Erbrechen mit Fieber sind kein Fall für Hausmittel.

 Scheinschwangerschaft tritt bei manchen Hündinnen etwa acht Wo-

Dabeisein ist alles!

chen nach der Läufigkeit auf. Sie sind unruhig, »bemuttern« irgendwelche Gegenstände, fressen schlecht und erbrechen gelegentlich. Das Gesäuge schwillt, Milch bildet sich. Abhilfe schafft häufig wenig Fressen und Trinken bei viel Bewegung und Beschäftigung. Das Gesäuge kann mehrmals am Tag mit kaltem Wasser befeuchtet werden, um Schwellung und Milchproduktion zu hemmen. Keineswegs soll die Milch ausgedrückt werden. Damit würde nur die weitere Milchproduktion angeregt. Bei sehr starker Gesäugeschwellung und trotz Hausmitteln nicht nachlassenden Erscheinungen muß der Tierarzt verständigt werden.

Insektenstiche, vor allem durch das Schnappen nach Wespen und Bienen verursacht, können schnell zu erheblichen Schwellungen am Kopf oder, noch schlimmer, im Rachen führen. Äußerliche Kühlung mit Eiswürfeln und eine Tablette gegen Allergie – falls zur Hand – ersparen oft nicht die möglichst rasche tierärztliche Behandlung.

Alarmzeichen

Fieber ist eine Abwehrreaktion des Körpers, meist auf Infektionen. Die Hundenase kann auch beim kranken Hund feucht und kühl sein. Die Temperatur muß mit einem Fieberthermometer, je nach Größe des Hundes, bis zu fünf Minuten im Mastdarm gemessen werden. Sie darf nicht über 39 °C liegen. Untertemperaturen unter 37,5 °C entstehen infolge einer Reduzierung der Stoffwechselvorgänge häufig vor dem Tod.
Husten, als ob ein Knochen im Hals säße, tritt bei Mandelentzündungen auf. Ernstere Infektionen wie Zwingerhusten oder gar Staupe können vorliegen. Pumpende Atmung entsteht durch eine Lungenentzündung, aber auch durch Wasseransammlung in der Lunge, zum Beispiel infolge von Vergiftungen. Bei alten Hunden kann der damit verbundene Husten auch auf eine Herzschwäche zurückzuführen sein. Bauchpressen und Aufblasen der Backen sind Zeichen höchster Atemnot.
Schleimhäute im Auge und im Fang geben Hinweis auf innere Erkrankungen: Blässe deutet auf Blutarmut hin, Gelbfärbung auf Leberschäden mit Gelbsucht, Blutungen auf schwere Infektionen oder Vergiftungen, eine bläuliche Färbung tritt bei Herz- und Kreislaufschwäche auf.
Kot und Urin mit Blutbeimengungen lassen schwerwiegende krankhafte Veränderungen erkennen. Bei Blutungen im Magen und in den vorderen Darmabschnitten kann der Stuhl durch das verdaute Blut pechschwarz aussehen. Nierenerkrankungen können auch mit erhöhtem Durst verbunden sein. Wenn Mattigkeit und Mundgeruch hinzukommen, ist meist bereits eine Harnvergiftung eingetreten. Harnsteine, Blasenriß oder Vergiftungen können dazu führen, daß überhaupt kein Urin mehr abgesetzt wird; dann besteht höchste Gefahr. Geschwülste, Prostatavergrößerungen und Mastdarmveränderungen erschweren den Kotabsatz. Verhärtete Knochenteile können den Enddarm völlig verstopfen. Erbrechen und zunehmende Mattigkeit bei fehlendem Kotabsatz sprechen für einen Darmverschluß oder einen Fremdkörper im Darm.

Speicheln wird im harmlosesten Fall durch Fremdkörper in der Maulhöhle oder durch lose Zähne verursacht, bedenklicher wäre eine E-605-Vergiftung oder Pseudowut, schlimmstenfalls ist an Tollwut zu denken.
Umfangsvermehrungen des Bauches bei sonst normalem Ernährungszustand oder zunehmende Abmagerung können durch Tumore oder Bauchhöhlenwasser hervorgerufen werden. Bei einer Gebärmuttervereiterung besteht gleichzeitig fast immer starker Durst, gelegentlich auch Scheidenausfluß. Eine plötzliche Aufblähung des Bauches mit Kolik und Kreislaufschwäche, bedingt durch eine Magendrehung, erfordert unverzügliche Operation. Eine Entzündung der Kaumuskeln mit Schwellung und Verhärtung sowie hervortretenden Augäpfel muß sofort tierärztlich behandelt werden.

Infektionen bedrohen die Gesundheit

Staupe und ansteckende Leberentzündung (Hepatitis) sind Viruskrankheiten, die für Junghunde besonders gefährlich sind, aber auch ältere Hunde befallen. Staupe beginnt mit einem häufig kaum merkbaren kurzen Fieber, dem nach etwa acht Tagen eine schwere Lungenentzündung mit eitrigem Augen- und Nasenausfluß oder Durchfall folgt. Eine besondere Verlaufsform ist mit einer Verhärtung der Ballen verbunden. Nach scheinbarer Besserung treten nervöse Erscheinungen bis hin zu Krämpfen auf, die meistens zum Tod führen. Nach überstandener Staupe bleibt häufig ein nervöses Zucken der Kopfmuskeln, der »Staupetick«, nach Erkrankung im Junghundealter das »Staupegebiß« mit erheblichen Zahnschmelzdefekten zurück.
Stuttgarter Hundeseuche (Leptospirose) wird durch Bakterien verursacht und von Hund zu Hund übertragen. Sie beginnt häufig mit Schwäche in den Hinderbeinen. Geschwüre im Maul, Magen und Darm sind mit aasartig-faulem Mundgeruch und blutigem Durchfall verbunden.
Tollwut tritt bei Hunden nur noch selten auf. Die Seuche wird vor allem durch Füchse übertragen. Hinweisschilder warnen in gefährdeten Gebieten vor Tollwut. Die Krankheit ist besonders tückisch: Die typischen Wuterscheinungen wie heiseres Gebell, Wasserscheue, Unruhe und unmotivierte Beißwut fehlen häufig. Die »stille Wut« ist im Anfangsstadium schwer zu erkennen. Ein erkranktes Tier stirbt immer.

Parvovirose ist bei uns in den letzten Jahren regelmäßig aufgetreten. Die Seuche wurde zunächst auf Ausstellungen verbreitet. Der Erreger ähnelt dem Katzenseuchevirus. Die Ansteckung erfolgt über die Ausscheidungen von Hund zu Hund. Bei Welpen tritt plötzlicher Herztod auf, ältere Hunde sterben nach unstillbarem blutigem Durchfall und Erbrechen.

Impfungen schützen vor diesen Infektionskrankheiten

Welpen in gefährdeten Zuchten oder ungeimpfte Hunde mit verdächtigen Krankheitserscheinungen können mit einem Serum behandelt werden, das fertige spezifische Abwehrstoffe enthält. Diese »passive Immunisierung« schützt aber nur für zwei bis drei Wochen. Der Käufer eines Hundes sollte den Impfpaß daraufhin genau prüfen.
Länger dauernden Schutz vermittelt nur die »aktive« Schutzimpfung. Dabei werden abgeschwächte oder abgetötete Infektionserreger eingeimpft. Der Körper reagiert darauf mit der Bildung eigener Abwehrstoffe. Bei den heute üblichen Kombinationsstoffen kennzeichnen die Buchstaben S, H, L, T und P die Wirksamkeit gegen die in Frage kommenden Seuchen.
Welpen werden mit sieben bis acht Wochen das erste Mal geimpft und müssen dann mit zwölf Wochen nachgeimpft werden.
Bei älteren Hunden genügt eine einmalige Grundimmunisierung.
Der einmal gebildete Impfschutz baut sich im Laufe der Zeit ab. Kommt der Hund mit betreffenden Seuchenerregern in Berührung, so wird die Antikörperbildung aufgefrischt. Ist der Impfschutz aber bereits zu stark abgesunken, kann der Hund erkranken. Deshalb sind Auffrischungsimpfungen im Abstand von ein bis zwei Jahren erforderlich.
Ein sicherer Impfschutz des Hundes ist auch für den Menschen wichtig. Erkrankte Hunde können Leptospiren übertragen, die beim Menschen das »Canicola-Fieber« oder die »Weilsche Krankheit« hervorrufen. Hundetollwut ist wegen des engen Kontaktes für Menschen viel gefährlicher als Wildtollwut. Geimpfte Hunde übertragen keine Tollwut. Nach einem Kontakt mit verdächtigem Wild brauchen sie deshalb auch nicht getötet zu werden, wie dies für ungeimpfte Hunde gesetzlich vorgeschrieben ist. Schließlich können sie auf Auslandsreisen mitgenommen werden.

Zwei gute Freunde

Gegen andere Infektionen schützt Vorsicht

Toxoplasmose wird durch einzellige Schmarotzer hervorgerufen. Ihr Stammwirt ist die Katze. Bei anderen Tieren werden ansteckungsfähige Dauerformen gebildet. Hunde erkranken überwiegend durch infiziertes Schweinefleisch. Für die Ansteckung des Menschen wurden sie früher zu Unrecht verantwortlich gemacht.
Aujeszkysche Krankheit wird ebenfalls durch Schweinefleisch übertragen. Unstillbarer Juckreiz, Unruhe, Ängstlichkeit und Speichelfluß haben gewisse Ähnlichkeit mit Tollwut. Die Krankheit wird daher auch »Pseudowut« genannt. Schweinefleisch und in der Zusammensetzung unbekannte Fleischmischungen (zum Beispiel aus Supermärkten) müssen deshalb gut durchgekocht werden. Fertigfutter und Rindfleisch sind dagegen unbedenklich.

Zwingerhusten tritt vor allem in Tierheimen und Hundehandlungen auf. Unter begünstigenden Umständen lösen Viren und Bakterien gemeinsam Entzündungen von Luftröhre und Bronchien aus. Kennzeichnend ist ein kurzer, trockener Husten. Sekundärinfektionen können den Krankheitsverlauf verschlimmern. Einen gesunden Hund kauft man mit größerer Wahrscheinlichkeit beim Züchter. Während des Urlaubs sollte man seinen Hund nicht in unbekannte Heime oder Pensionen geben und ihn vorsorglich auch gegen Parvovirose impfen lassen.

Wurmkuren gegen unerwünschte Kostgänger

Spulwürmer können bei Junghunden zu Verdauungs- und Entwicklungsstörungen, zu Vergiftungserscheinungen und sogar zum Tod führen. Fast alle Welpen werden im Mutterleib mit Spulwürmern infiziert. Die ersten Wurmkuren soll schon der Züchter durchführen. Junghunde werden vierteljährlich entwurmt. Ältere Hunde beherbergen nur noch einzelne Würmer. Sie richten zwar keinen großen Schaden an, sind aber eine ständige Infektionsquelle. Hündinnen sollten sechs Wochen nach jeder Läufigkeit, Rüden einmal jährlich entwurmt werden. Man kann statt dessen auch regelmäßig den Kot untersuchen lassen und nur bei festgestelltem Befall eine Wurmkur mit einer Wiederholungsbehandlung nach zwei bis drei Wochen durchführen. Rohe Möhren garantieren keine Wurmfreiheit. Wirksame und verträgliche Mittel sind verschreibungspflichtig. Sie wirken auch gegen andere Rundwurmarten, zum Beispiel gegen Hakenwürmer.

Spulwürmer sind auf ihre Wirtstierarten spezialisiert; wenn der Mensch Hundespulwurmeier aufnimmt, schlüpfen zwar Larven und beginnen ihre Wanderung im Körper, sie bleiben jedoch in Organen oder Muskeln stecken und können dort schmerzhafte Entzündungen verursachen. Besonders gefährdet sind »Krabbelkinder«. Wurmkuren dienen daher auch dem Gesundheitsschutz der Familie. Auf Kinderspielplätzen haben Hunde nichts zu suchen.

Bandwürmer brauchen für ihre Entwicklung stets einen Zwischenwirt. Für den Hundebandwurm ist dies der Floh. Er nimmt die Wurmeier auf, aus denen sich eine Finne entwickelt. Der Hund »knackt« den Floh – die

Finne wächst im Hundedarm zum fertigen Bandwurm aus. Mit dem Kot erscheinen nach geraumer Zeit einzelne kürbisförmige, anfangs noch bewegliche Bandwurmglieder oder ein längeres, deutlich gegliedertes Wurmende. Die meisten Spulwurmmittel sind gegen Bandwürmer unwirksam. Heute gibt es aber gut verträgliche und sicher wirkende Bandwurmmittel. Zur Bandwurmkur gehört stets eine Flohbehandlung von Hund und Lager.
Besonders bei Jagdhunden kann auch der »gesägte Bandwurm« auftreten, dessen Zwischenwirte Hasen und Kaninchen sind. Andere Bandwurmarten, die durch Fisch oder Wild, Rinder- oder Schafeingeweide übertragen werden, kommen seltener vor. Dazu zählt der »dreigliedrige Bandwurm«, der dem Menschen gefährlich werden kann. Der Hund sollte zur Vorbeuge keine rohen »Konfiskat«-Innereien erhalten und daran gehindert werden, Kadaver von Wildtieren anzufressen. Für Menschen besonders

Kinderliebe, für den richtig erzogenen Bullterrier eine Selbstverständlichkeit

gefährlich ist der vor allem in einigen Gegenden Süddeutschlands verbreitete »Fuchsbandwurm«, der auch durch Hunde übertragen werden kann. Neben regelmäßigen Bandwurmkuren ist es die beste Vorbeuge, den Hund in Wald und Flur anzuleinen.

Kleine Hausapotheke für den Hund

Zur Pflege und zur Ersten Hilfe sollten einige Instrumente und Medikamente bereitgehalten werden. Sie sind kindersicher, kühl und trocken aufzubewahren. Wenn unser Hund zur Reisekrankheit neigt, unter Rheuma leidet und häufiger bestimmte andere Wehwehchen hat, werden die tierärztlich verordneten Medikamente vorrätig gehalten, um auf bewährte Weise rasch helfen zu können. Vitamin- und Mineralstoffpräparate werden dort aufbewahrt, wo sie gebraucht werden: in der »Futterküche«.

 Die Wurfkiste ist noch der Platz größter Geborgenheit

Zehn Tips für den Besuch beim Tierarzt

1 Nach Möglichkeit sollte der Hund in der Praxis des Tierarztes vorgestellt werden. Dort kann eine Erkrankung besser erkannt und behandelt werden.

2 Bei Verdacht auf ansteckende Krankheiten lassen Sie sich aber vom Tierarzt einen Sondertermin geben, oder bitten Sie ihn um einen Hausbesuch, um andere Hunde im Wartezimmer nicht anzustecken.

3 Mit einem unruhigen Hund wartet man besser im Auto, bis man an der Reihe ist.

4 Der Hund muß systematisch dazu erzogen werden, sich untersuchen zu lassen. Manipulationen an den Ohren, Öffnen des Fanges und Fiebermessen können geübt werden! Auf dem Untersuchungstisch muß der Hund beruhigt werden. Dazu müssen Sie selbst ruhig bleiben, erforderlichenfalls aber auch energisch werden.

5 Der Hund kann nicht sprechen. Daher müssen Sie Krankheitserscheinungen und -dauer genau schildern. Das erleichtert dem Tierarzt die Diagnose.

6 Bei Verdauungsstörungen ist die Beschaffenheit des Kotes genau zu beschreiben. Es ist nie verkehrt, eine Kotprobe, abgegangene Würmer oder Fremdkörper mitzunehmen.

7 Bei Verdacht auf innere Erkrankungen kann vorsorglich auch eine im sauberen Gefäß aufgefangene Harnprobe mitgenommen werden.

8 Bringen Sie auch den Impfpaß mit!

9 Notieren Sie die Behandlungsanweisungen; erfahrungsgemäß wird vieles nach der Aufregung des Tierarztbesuches leicht vergessen oder verwechselt.

10 Denken Sie auch an den Stolz der Dame des Tierarzthauses: Verwehren Sie Ihrem Rüden das Beinheben an den Ziersträuchern im Vorgarten nach Verlassen der Praxis.

Gefahren für die menschliche Gesundheit?

Impfungen und Wurmkuren schränken Ansteckungsgefahren ein. Hygiene tut ein übriges: Selbstverständlich hat der Hund sein eigenes Lager und Futtergeschirr; beides ist peinlich sauber.

Rasen und Wege werden von Hundekot freigehalten. Das Belecken der Hände ist Ausdruck seiner Zuneigung. Man darf sie dulden, denn man kann sich die Hände anschließend waschen. Vorsichtige können Lager, Hütte und andere hygienegefährdete Stellen und Gegenstände regelmäßig desinfizieren. Die Mittel sollen gegen Viren, Bakterien und Pilze wirken.

Zur Schnelldesinfektion eignet sich ein Desinfektionsspray, der auch Ektoparasiten abtöten sollte. Besonders angezeigt sind solche Maßnahmen, wenn der Hund eiternde Wunden, Ekzeme, Furunkel oder eine Vorhaut-, Zahnfleisch-oder Mandelentzündung hat. Diese Infektionen sind konsequent zu behandeln. Eitererreger können auch beim Menschen Komplikationen verursachen.

Vorsicht ist stets bei schlecht heilenden oder sich ausbreitenden Ekzemen geboten: Räudemilben sind zwar auf Tierarten »spezialisiert«, können jedoch auch beim Menschen juckende Hautrötungen verursachen. Hautpilzinfektionen sind auf Menschen übertragbar. Daher sollte man umgehend eine Spezialuntersuchung und Behandlung veranlassen. Pilzinfektionen entstehen nur, wenn sich die Erreger länger als 12 bis 24 Stunden auf der menschlichen Haut einnisten können. Gründliches Waschen bannt die Gefahr. Zusätzliche Sicherheit bietet ein Handdesinfektionsmittel, das nach Berühren verdächtiger Stellen oder Ausscheidungen in die Hände eingerieben wird.

Allergien sind auch durch größte Sauberkeit nicht immer zu vermeiden. Einige Menschen reagieren bei Kontakt mit Tierhaaren und -hautteilen mit Ausschlägen oder Atembeschwerden. Katzen, Meerschweinchen und Vögel sind viel öfter als Hunde die Auslöser; viele andere pflanzliche und tierische Stoffe kommen hinzu. Die Allergieursache kann von einem Hautarzt durch Spezialtests auf der Haut ermittelt werden. Auf Verdacht braucht also kein Hund abgeschafft zu werden. Und vor der Anschaffung eines Bullterriers brauchen auch gesundheitsbewußte Hundefreunde nicht zurückzuschrecken.

Internationaler Champion »Hollyfires Jack of all Trades«

Der Hund im Alter

Bei guter, artgerechter Haltung und Ernährung kann der Bullterrier zwölf bis vierzehn Jahre alt werden. Gar nicht selten sind jedoch noch ältere Tiere. Etwa gegen das neunte Lebensjahr können das Sehvermögen sowie der Gehörsinn etwas nachlassen. Beim farbigen Hund treten vermehrt graue Haare um den Fang herum auf.

Für den alternden Bullterrier kann man viel tun, solange er »nur« alt, aber nicht krank ist.

Der Tierarzt sollte jetzt regelmäßig und in kürzeren Zeiträumen besucht werden. Eine gründliche Untersuchung von Herz und Nieren hilft mit, kleine Störungen rasch zu beseitigen.

Der Zahnpflege sollte besonders Beachtung geschenkt werden. Nach tierärztlicher Entfernung des Zahnsteins besteht Ihre Aufgabe darin, ein Wiederauftreten der stinkenden Beläge zu verhindern und sie sofort zu entfernen. Das einfachste Mittel, neben Zahnpasta und Bürste, ist ein mit Salzwasser getränkter Lappen. Hat man das Zähneputzen von klein auf geübt, gibt es keine Schwierigkeiten, es weiter zu tun.

Die Futtermenge hat Ihr Hund vielleicht selbst schon reduziert. Wenn nicht, geben Sie ihm etwas kleinere Rationen.

Trinkwasser braucht er nun mehr als früher. Das Füttern mit wertvollem Eiweiß ist sehr wichtig. Die Fleischrationen müssen aber nicht erhöht werden. Ein Drittel Fleisch, zwei Drittel Flocken genügen. Die Anreicherung mit zusätzlichen Vitaminen und Mineralstoffen sollte nicht vergessen werden.

Der Tatendrang Ihres Bullterriers läßt nun etwas nach; mehr Schlaf und größere Ruhepausen werden den längeren Spaziergängen vorgezogen.

Die Nähe ihm vertrauter Menschen sucht er nun öfter als bisher, denn der Hund braucht und verlangt mehr Zuwendung.

Aber auch im Alter ist der Bullterrier immer noch ein lebensfroher Hund.

»Brutus vom Römerhaus«

Etwas langsamer geworden, hat er das Zupacken jedoch noch nicht verlernt.
Die Pflicht, auch dem kranken Hund Pflege zukommen zu lassen, sollte für Sie eine Selbstverständlichkeit sein. Kleinere Krankheiten und länger dauernde Genesungszeiten sind kein Grund, sich vom Hund zu trennen.
Wenn Sie wieder einen Hund besitzen möchten, denken Sie rechtzeitig an einen Welpen. Das Eingewöhnen geht viel leichter, und der »Alte« nimmt den Neuzuzug gern auf; er hilft Ihnen beim Erziehen des neuen Hundes.
Ist eine Krankheit eingetreten, die als unheilbar gilt, dann sollten Sie Ihren treuen Begleiter nicht quälen. Lassen Sie ihn in vertrauter Umgebung in Ihrer Anwesenheit von seinen Leiden erlösen. Dies ist eine Möglichkeit, ihm für seine Zuneigung und Treue zu danken.
Das Wenige, was es mehr kostet, den Tierarzt zu Ihnen nach Hause zu bestellen, hat Ihr treuer Freund sicher verdient.

Anschriften, die Sie kennen sollten

Bundesrepublik Deutschland
Deutscher Club für Bullterrier e.V.
Geschäftsführer: Werner Drees,
Kühlstraße 55
W-4350 Recklinghausen

Gesellschaft der
Bullterrier-Freunde e.V.
Geschäftsführer: Manfred Zorn,
Friedenstraße 10
W-6751 Weilerbach

Verband für das Deutsche
Hundewesen e.V.
(VDH)
Westfalendamm 174
W-4600 Dortmund 1

Österreich
Österreichischer
Kynologen-Verband OKV
Johann-Teufel-Gasse 8
A-1238 Wien

Schweiz
Bullterrier Club der Schweiz
im S.K.G.
Wildparkstrasse 253
CH-4656 Wil/Starrkirch

Belgien
Bullterrier Club von Belgien
A. Reniers 17 Marlier
B-1700 Asse

Fédération Cynologique
Internationale (FCI)
12, rue Leopold II
B-6530 Thuin

Literatur

BEYERSDORF; P.:	Dein Hund auf Ausstellungen.
BREHM, P.:	Dein Hund im Recht.
CORDON, J.F.:	The Bullterrier.
DREWES, U.:	Your Bullterrier.
DEUTSCHER CLUB FÜR BULLTERRIER:	Das deutsche Bullterrier-Handbuch.
EBERHARD, E.:	The new complete Bullterrier.
FLEIG, D.:	Gladiatoren Band 1 und Band 2.
FLEIG, D.:	Kampfhunde Band 1 und 2.
HORNER, T.:	All about the Bullterrier.
PALMER, J.:	Die schönsten Rassehunde in Farbe.
RÄBER, H.:	Brevier neuzeitlicher Hundezucht.

Weiterführende Literatur aus dem Verlag Paul Parey, Hamburg und Berlin

BURTZIK, P., 1984:	Erziehung und Ausbildung des Hundes. 3. Auflage.
FIEDELMEIER, L., 1983:	Kauf, Pflege und Fütterung des Hundes. 3. Auflage.
KOBER, U., 1981:	Pareys Hundebuch.
KURTH, W., 1985:	Der Bullterrier.
POORTVLIET, R., 1987:	Mein Hundebuch. 2. Auflage.
QUEDNAU, F., 1987:	Rechtskunde für Hundehalter.
SCHMIDTKE, H.-O., 1984:	Gesundheitsfibel für Hunde. 2. Auflage.
WEIDT, H., 1989:	Der Hund, mit dem wir leben: Verhalten und Wesen.

BERNINA

sicher und zuverlässig hat alles für Ihren Hund

Umweltfreundliche Sprays
ohne Treibgas

Dog-fish
mit lebenswichtigem
Eiweiß –
nicht fettbildend

Zur guten Pflege

Profi-
Entwirrungskamm mit
rotierenden Zähnen

Fell-Entfilzungskamm

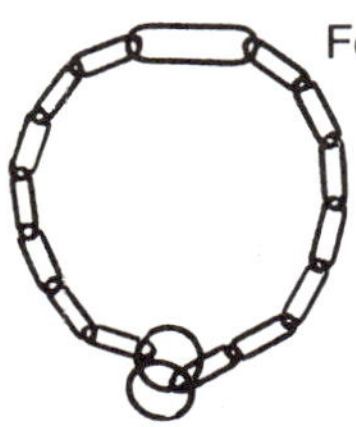

Gesundheitswürger
vernickelt
mit Langglied

Lederwaren aus eigener
Herstellung für alle
Hunderassen

Erhältlich in guten Fachgeschäften. Nachweis durch:
Wilh. Naumann GmbH · Postfach 2054 · 5860 Iserlohn

BERNINA

Bücher für den Hundefreund

Rien Poortvliet
Mein Hundebuch
Aus dem Holländischen übertragen. 2. Auflage. 1987. 232 Seiten mit mehr als 750 farbigen Zeichnungen. Format 28 x 22 cm. Gebunden 64,– DM

Was Rien Poortvliet hier geschaffen hat, ist einfach mehr als ein Hundebuch herkömmlicher Art. Das ist eine spannende, bunte, vielversprechende Entdeckungsreise in die Welt der Hunde: Hunderte von farbigen Zeichnungen, Skizzen und Bildern. In die brillante Galerie von mehr als 80 Hundeporträts streut Poortvliet seine Geschichten und Anekdoten von Hunden und Menschen. Ein meisterhaftes Buch für alle Hundefreunde.

Heinz Weidt
Der Hund, mit dem wir leben: Verhalten und Wesen
1989. 231 Seiten mit 91 Abbildungen, davon 27 farbig. Gebunden 48,– DM

Die das Verhalten des Hundes unwiderruflich prägende und für das Verhältnis Mensch – Hund entscheidende Entwicklungsphase (bis zur 14. Lebenswoche) wird analysiert, beschrieben und mit Abbildungen dokumentiert. Selten wurden verhaltensbiologische Erkenntnisse über den Hund so verständlich und praxisnah vermittelt.

Ulrich Kober
Pareys Hundebuch
Ein Leitfaden für zeitgemäße Hundehaltung. 1981. 244 Seiten mit 118 Abbildungen und 4 Farbtafeln. Gebunden 38,– DM

Freimut Quednau
Rechtskunde für Hundehalter
1987. 201 Seiten. Kartoniert 32,– DM

Leni Fiedelmeier
Kauf, Pflege und Fütterung des Hundes
3. Auflage, bearbeitet und ergänzt von Robert Dietz. 1983. 55 Seiten mit 25 Abbildungen, davon 22 Fotos. Kartoniert 14,80 DM

Peter Krall
Der gesunde und der kranke Hund
10., neubearbeitete Auflage. 1979. 147 Seiten mit 42 Abbildungen im Text und auf 8 Tafeln. Gebunden 29,80 DM

Hans-Otto Schmidtke
Gesundheitsfibel für Hunde
Ein Ratgeber für Hundehalter. 2., völlig neubearbeitete Auflage. 1984. 56 Seiten mit 15 Abbildungen, davon 8 Fotos. Kartoniert 14,80 DM

Den vollständigen Prospekt »Pareys Hundebücher« schicken wir Ihnen auf Anforderung gerne zu.

Preisstand: Februar 1992
Spätere Änderungen vorbehalten

Verlag Paul Parey
Spitalerstraße 12 · 2000 Hamburg 1

PAUL PAREY